Oh, Simone !

Retrouvez l'ensemble de notre catalogue
sur **lavillebrule.com**

Les éditions la ville brûle bénéficient pour leur diffusion et leur distribution d'un partenariat avec les éditions Anne Carrière.

Cette traduction a bénéficié du soutien du Goethe Institut, du collège de traducteurs Looren et du Centre national du livre.

Isbn 978-2-36012-098-7

Cet ouvrage a été proposé à l'éditeur français par l'agence Editio Dialog (editio-dialog.com)

Illustration de couverture **Pénélope Bagieu**

Graphisme **ADGP**

Suivi éditorial **Marianne Zuzula**

Julia Korbik

Traduction
Julie Tirard

Oh, Simone !

Penser, aimer, lutter avec Simone de Beauvoir

la ville brûle

Pour ma maman

SOMMAIRE

« J'aime avec passion
la vie, j'abomine l'idée
de devoir mourir. Je suis
terriblement avide, aussi,
je veux tout de la vie,
être une femme et aussi
un homme, avoir beaucoup
d'amis, et aussi la solitude,
travailler énormément,
écrire de bons livres, et
aussi voyager, m'amuser,
être égoïste, et aussi
généreuse... »

Simone de Beauvoir,
Lettres à Nelson Algren

PROLOGUE

Simone Lucie Ernestine Marie Bertrand de Beauvoir et moi nous sommes rencontrées au collège, en cours de religion pour être exacte, alors que je devais préparer un exposé sur Jean-Paul Sartre avec une camarade de classe. Cela peut paraître étrange mais nous avions déjà étudié dans ce cours des œuvres comme *Roméo et Juliette* ou encore *Le Parfum*, alors un philosophe existentialiste et athée, pourquoi pas ! Nous avons commencé par lire *Les Mouches* – ou du moins un résumé trouvé sur Internet – puis feuilleté le bon millier de pages de l'imposant *L'Être et le Néant*. Nous avons ensuite cherché quelques images et trouvé un certain nombre de caricatures. Il faut reconnaître que le visage sartrien s'y prête volontiers: une pipe énorme au coin de la bouche, des oreilles gigantesques, un œil vagabond en perpétuel mouvement... Sur certaines photos, une femme se tenait à ses côtés: «Simone de Beauvoir». Elle affichait un regard sévère et portait une sorte de turban. D'après Google, il s'agissait de la compagne de Sartre. Écrivaine, philosophe, féministe. Bon, rien de très intéressant jusque-là. Nous avons donc présenté notre exposé sans que je me préoccupe davantage de cette femme au turban et au regard sévère, cette «Madame Voir-Beau».

Deux ans plus tard, je parcourais les rayons d'une librairie quand mon regard s'est arrêté sur un roman. Il s'agissait des *Mandarins*. Simone de Beauvoir ! Mon exposé ! J'étais surexcitée. Le livre promettait « une plongée fascinante dans le Paris des existentialistes ». La photo de couverture montrait un groupe de personnes, dont Sartre, en train de discuter dans un café. La Seine, le milieu intellectuel, les bistrots parisiens : la jeune francophile de dix-sept ans que j'étais ne rêvait que de ça. Il me fallait ce livre, j'en ressentais un besoin quasiment viscéral. J'ai tourné autour des *Mandarins* pendant des semaines, jusqu'à ce qu'un ami me l'offre pour mes dix-huit ans. Simone de Beauvoir n'a plus jamais quitté ma bibliothèque depuis.

Cela fait plus de dix ans maintenant qu'elle m'accompagne, si bien qu'avec le temps je me suis mise à l'appeler « Simone », tout simplement. Ses livres, ses textes m'ont aidée à me construire et continuent de le faire. Il y a des années où j'ai lu Simone dans un ordre précis : mémoires, lettres, romans, et d'autres où je ne l'ai presque pas lue – mais la simple vue de ses livres sur l'étagère suffisait à m'apaiser : Simone était là si j'avais besoin d'elle. Elle m'a accompagnée lors de mes études en France et m'a suivie lorsque j'ai emménagé à Berlin. S'il y a des livres dont je peux facilement me séparer, les siens n'en font pas partie. Je tiens particulièrement à une vieille édition de poche de *Tous les hommes sont mortels*. De tous ses romans c'est sans doute celui que j'aime le moins, mais il contient cette dédicace : « Tu te souviens du bistrot et du chocolat chaud, on avait parlé de la notion d'immortalité. C'est le livre parfait. Bonne lecture. » J'aime lire ces quelques phrases et penser : encore une personne que Simone a su toucher.

J'ai parfois l'impression que son œuvre, mais aussi sa personne, sont en train de tomber dans l'oubli. On pense bien trop rarement à l'écrivaine, à la philosophe, à la féministe Simone de Beauvoir. Certes, on lui a consacré un peu de temps pour son 100e anniversaire, le 9 janvier 2008, mais il a fallu attendre dix ans de plus et son entrée dans la Pléiade pour que les médias reparlent d'elle. Ces occasions permettent la réédition de certains de ses livres, mais très vite l'intérêt s'essouffle et hop, Simone disparaît à nouveau, comme si elle n'était simplement pas d'actualité, figée pour l'éternité sur ces clichés en noir et blanc des années 1940 la montrant assise à la table d'un café parisien, concentrée, ou absorbée dans une conversation avec Sartre. Lorsqu'on parle d'elle, c'est presque toujours en lien avec *Le Deuxième Sexe* (#féminisme) ou avec Jean-Paul Sartre (#relationlibre). Sauf que Simone n'était pas qu'une icône féministe ou la compagne d'un philosophe célèbre.

Dans les cercles féministes que je fréquente, on connaît bien entendu Simone de Beauvoir. Tout le monde a déjà entendu parler de l'autrice de l'incontournable *Deuxième Sexe* et du célèbre «on ne naît pas femme: on le devient». Certaines ont lu le livre, d'autres pas. «Il faut que je le lise mais...», est une phrase que j'entends souvent, généralement accompagnée d'un haussement d'épaules un peu coupable: Simone est devenue une autrice qu'on cite beaucoup mais qu'on lit peu. On ose à peine l'approcher. Combien de fois des amies m'ont-elles dit qu'elles adoreraient lire un de ses livres mais que la femme, comme l'œuvre, les intimidaient. Pourtant Simone n'a rien à faire sur un piédestal ! D'autant qu'elle était loin d'être parfaite... Son œuvre ne mérite certainement pas d'être traitée avec dédain, mais Simone elle-même ne mérite pas le statut d'icône presque mystique qu'on lui confère parfois aujourd'hui.

Simone doit être lue: parce qu'elle est un esprit libre qui propose une analyse lucide et claire des grandes questions morales, parce que c'est elle qui a permis à la pensée existentialiste de Sartre de se concrétiser, parce qu'elle parvient mieux que quiconque à mêler sobriété politique et sensibilité poétique pour parler du quotidien, parce que cette femme est capable de vous sidérer par la seule force de sa pensée, tout simplement. Simone doit aussi être discutée: après sa mort, trop de choses ont été mises de côté pour construire le «mythe Simone de Beauvoir». Or les erreurs qu'elle a commises nous permettent, tout autant que ses écrits, de nourrir nos réflexions éthiques, politiques et féministes.

Oh, Simone! est une invitation à vous libérer de ce que vous avez pu entendre ou lire sur Simone de Beauvoir jusqu'ici. Une invitation à la (re)découvrir: à ne plus la réduire au rôle de compagne sévère de Sartre, dont les écrits ne seraient finalement qu'un commentaire sur l'œuvre du célèbre philosophe, et à ne plus seulement la voir comme cette Grande Dame Féministe dont la pensée serait hors d'atteinte.

Simone a beau nous avoir quitté·es il y a plus de trente ans, sa pensée, ses questionnements et ses réflexions demeurent plus que jamais actuels. Son engagement féministe, ses activités politiques, ses essais philosophiques, son œuvre littéraire ou tout simplement la façon dont elle a choisi de vivre sa vie: tout en elle vaut la peine d'être découvert. Alors voici ce que propose *Oh, Simone*: penser, lire, aimer, apprendre, et rire (promis!) avec Simone de Beauvoir, une femme résolument moderne.

«Je me suis entraînée dans ma jeunesse à me foutre de l'opinion.»[1]

DEVENIR

CHRONOLOGIE

1908, 9 janvier	Naissance de Simone à Paris
1910, 6 juin	Naissance de sa sœur Hélène
1913	Scolarisation au Cours Desir
1914	Début de la Première Guerre mondiale
1917	Georges de Beauvoir perd une grande partie de sa fortune, la famille déménage rue de Rennes
	Rencontre Élisabeth Lacoin dite Zaza
1918	Fin de la Première Guerre mondiale
1922	Simone perd la foi
1924	Premier baccalauréat
1925	Baccalauréat
	Simone poursuit ses études à l'Institut Sainte-Marie de Neuilly
1926	Début de ses études de philosophie à la Sorbonne
1927	Engagement dans les Équipes sociales fondées par Robert Garric
1928	Fait la connaissance de Maurice Merleau-Ponty
	Licence
1928/1929	Préparation de l'agrégation de philosophie
1929	Stage au lycée Janson-de-Sailly

Dans *La Force des choses*, la troisième partie de ses mémoires parue en 1963, Simone retranscrit des notes jamais publiées jusqu'ici : « J'ai presque cinquante ans, (…) la petite fille dont l'avenir est devenu mon passé n'existe plus. Je veux croire, quelquefois, que je la porte en moi, qu'il serait possible de l'arracher à ma mémoire, de défroisser ses cils fripés, de la faire asseoir, intacte, à mes côtés. C'est faux. Elle a disparu sans même qu'un squelette menu commémore son passage. »[2]
Il est pourtant évident que la Simone qu'on connaît ne s'est pas faite en un jour, et que cette petite fille aux cils fripés est toujours quelque part en elle, ayant contribué à façonner l'adulte qu'elle est devenue.

La religion, une affaire de bonnes femmes ?

Simone Lucie Ernestine Marie Bertrand de Beauvoir naît à Paris le 9 janvier 1908 à quatre heures du matin. C'est le premier enfant de Françoise et Georges de Beauvoir, alors âgés de vingt et un et trente ans. Sa sœur Hélène, qu'on surnomme Poupette en raison de ses traits délicats, naît deux ans et demi plus tard. Simone n'a *a priori* rien contre l'arrivée d'un nouveau membre dans la famille, mais elle a tout de même l'habitude que tout tourne autour d'elle. Elle aime être « la première » et apprécie l'attention que lui portent les adultes. Protégée, choyée, la petite fille aux yeux bleus et aux doux cheveux bruns est convaincue de son importance. En cas de contrariété, son visage vire au violet et elle se roule volontiers par terre. Si ces accès de rage effraient sa mère, son père, lui, en est plutôt fier: si petite, et déjà si têtue! Pour autant, Simone ne remet pas véritablement en question l'autorité parentale.

Hélène, de son côté, joue de malchance. Non seulement elle est la cadette, mais en plus elle n'est pas le fils qu'on espérait: «Mes parents, je ne les intéressai pas davantage par la suite: ils avaient une première fille jolie, intelligente, je n'étais pas mieux qu'elle[3].» Complices malgré tout, les deux sœurs se complètent plutôt bien: Simone invente leurs jeux et s'attribue les premiers rôles, Hélène accepte sans rechigner les seconds. Elle est la pénitente et Simone la sainte. «Elle me permit aussi de sauver ma vie quotidienne du silence: je pris auprès d'elle l'habitude de la communication»[4], écrit Simone en parlant de sa sœur.

HÉLÈNE DE BEAUVOIR (1910-2001) ARTISTE & «AUTRE BEAUVOIR»

Pas facile d'être la cadette, ni d'être une «sœur de». «J'aurais dû la haïr», écrit Hélène dans ses *Souvenirs*, mais «ce n'était pas possible. (...) Simone m'a traitée en petite sœur, jamais en inférieure.»[5] Pour autant, Hélène comprend très tôt l'importance de tracer son propre chemin afin de ne pas demeurer «l'autre Beauvoir»: ce sera la peinture. «Je voulais une vie intéressante», écrira-t-elle dans ses *Souvenirs*[6]. Après l'obtention de son bac en 1927, elle étudie dans plusieurs écoles d'art et enchaîne les petits boulots pour financer ses études, mais les fins de mois sont difficiles. Simone l'aide comme elle peut en lui reversant une partie de son salaire d'enseignante. Hélène, en contrepartie, tape les manuscrits de sa sœur à la machine – elle est l'une des rares capables de déchiffrer son écriture.

En 1936, elle expose pour la première fois à la Galerie Bonjean. Picasso, qui vient souvent à la galerie, se rend au vernissage de la jeune artiste dont il trouve la peinture «originale»[7]. Eh oui, c'est Hélène qui s'est fait un nom la première!

En 1942 elle épouse Lionel de Roulet, un ancien étudiant de Sartre. Lionel est diplomate. Le couple voyage beaucoup et vit dans de nombreux pays: Portugal, Maroc, Autriche, Yougoslavie, Italie... Autant de paysages qui inspirent sa peinture. De retour en France, ils s'installent en Alsace. Hélène n'est pas du genre à suivre la tendance, elle refuse de copier les artistes modernes et préfère puiser son inspiration chez les peintres classiques. Ses toiles très colorées seront exposées dans le monde entier. Dans les années 1960, son travail se politise: elle devient notamment présidente de l'association SOS Femmes battues. Les événements de Mai 68 lui inspirent une série de tableaux qu'elle intitule ironiquement «Joli mois de mai». Simone se moque gentiment de la vie bourgeoise menée par Hélène qui, plus jeune, affirmait pourtant vouloir se libérer de son milieu. Elle la soutient néanmoins dans ses projets et les deux sœurs travailleront même ensemble: *La Femme rompue*, recueil de trois nouvelles écrit par Simone et illustré par Hélène, paraît en 1968. Lorsque la correspondance entre Sartre et Simone est publiée en 1990, Hélène est dévastée: dans ses lettres, Simone décrit sa sœur comme une peintre dénuée de talent. Elle meurt en 2001 à Goxwiller, en Alsace, onze ans après Lionel, et laisse derrière elle plus de trois mille œuvres parmi lesquelles des peintures à l'huile, des aquarelles, des croquis et des gravures.

Les deux sœurs grandissent dans une famille bourgeoise marquée par un fort sentiment d'appartenance de classe. Les parents peuvent s'offrir les services d'une bonne, mais leurs ambitions culturelles et sociales dépassent largement les moyens financiers dont ils disposent. La particule des Beauvoir n'est plus que le témoin d'une époque révolue. On vit principalement d'un héritage, Georges préférant l'oisiveté au travail acharné. Toute forme d'ambition, personnelle comme professionnelle, est jugée suspecte par le père de famille qui se définit lui-même comme un bon vivant. Bien qu'il ait étudié le droit, travailler dans un grand cabinet d'avocats ne l'enchante guère et il préfère se consacrer aux plaisirs de la vie, *aka* le théâtre, la littérature, les femmes.

«Personne dans mon entourage n'était aussi drôle, aussi intéressant, aussi brillant que lui: personne n'avait lu autant de livres, ne savait par cœur autant de vers, ne discutait avec autant de feu. Adossé à la cheminée, il parlait beaucoup, avec beaucoup de gestes: on l'écoutait.»[8] Si Georges vit sa vie librement, ses idées politiques et morales sont pourtant loin d'être libérales. Nationaliste, conservateur, son amour de la patrie se situe bien au-delà des mots: «C'est ma seule religion»[9], déclare-t-il. Il attend des femmes qu'elles soient fidèles et qu'elles restent vierges jusqu'au mariage: «Une dame "comme il faut" ne devait ni se décolleter abondamment, ni porter des jupes courtes, ni teindre ses cheveux, ni les couper, ni se maquiller, ni se vautrer sur un divan, ni embrasser son mari dans les couloirs du métro: si elle transgressait ces règles, elle avait mauvais genre.»[10] Les hommes obéissent bien entendu à d'autres règles et jouissent de libertés dont lui-même ne se prive pas.

Françoise, de son côté, fait tout pour remplir son rôle de parfaite épouse catholique. Fille de Gustave Brasseur, directeur de la Banque de la Meuse, elle grandit dans le luxe. Lorsque la banque dépose le bilan en 1909, c'est le drame: la dot de Françoise ne peut plus être payée. Tu parles d'un bon parti! Georges a l'impression de s'être fait avoir: certes, Françoise est jolie, mais ce mariage aurait surtout dû lui permettre de ne jamais travailler. Françoise a terriblement honte de la faillite de son père. Elle redouble donc de vertu et fait de son mieux pour se conformer aux conventions sociales de son nouveau milieu, ce qui n'est pas si facile… Georges est bien trop centré sur lui-même pour s'intéresser aux problèmes de sa femme, et dans leur entourage on rit volontiers de la brave Françoise et de son provincialisme. Sa bigoterie le fait sourire mais il ne s'y oppose pas: la religion, c'est très bien pour occuper les femmes et les enfants.

Les deux parents sont à l'opposé l'un de l'autre, tant sur le plan idéologique qu'intellectuel. Georges, le dandy mondain, méprise tout ce qui a trait au religieux tandis que Françoise, la très catholique maîtresse de maison, passe son temps à essayer de contenter son mari: «Sa jeunesse, son inexpérience, son amour pour mon père la rendaient vulnérable; elle redoutait les critiques et, pour les éviter, mit tous ses soins à "faire comme tout le monde".»[11] Son seul mot d'ordre: ménager les apparences. Leur mariage remplit ses fonctions mais il est tout sauf harmonieux – et frôlera souvent le désastre. Pourtant, les premières années sont heureuses: Françoise est très amoureuse de son mari, lui est fou d'elle, et sexuellement tout va bien. Mais Georges finit par se lasser de son épouse. Il rêve de jours meilleurs, elle les appelle de ses prières.

Malgré leurs différences d'opinion, Françoise et Georges comptent bien élever leurs filles *comme il faut* – comprendre «dans la religion catholique». Les Beauvoir habitent rive gauche, dans un grand appartement du bouillonnant boulevard du Montparnasse. Louise, la bonne, s'occupe des deux sœurs au quotidien, leur fait à manger et les emmène au parc. Françoise, dont l'élégance et le parfum font rêver la petite Simone, tient son rôle de femme d'intérieur. Georges est rarement présent, préférant l'un de ses nombreux loisirs ou le lit d'une maîtresse. Les Beauvoir passent tous leurs étés en province. Ils rendent visite à des parents en Auvergne, au château de La Grillère, et séjournent dans la demeure que possède la famille de Georges en Corrèze, à Meyrignac. Simone adore la campagne: elle part pour de longues promenades, passe du temps en compagnie de son grand-père et savoure ce rythme de vie plus simple qu'à Paris. Elle se découvre un amour de la nature, s'imprègne des senteurs, des couleurs. Ces étés à Meyrignac lui permettent de fuir un temps le quotidien et le vacarme de la capitale.

Un mauvais parti

Simone a cinq ans et demi lorsque sa mère l'inscrit au Cours Desir*, un institut catholique pour jeunes filles. Françoise préférerait que Simone soit élevée au couvent, comme elle-même l'a été, mais cela coûte plus cher et l'enseignement y est médiocre – Françoise souffre d'ailleurs d'un léger complexe d'infériorité. Le niveau d'enseignement dispensé au Cours Desir n'est pas exceptionnel pour autant, l'établissement ayant surtout pour mission de donner aux fillettes une éducation

* «Cours Desir» s'écrit sans accent même si Simone de Beauvoir écrit «cours Désir» dans ses mémoires.

catholique stricte et de les préparer à leur rôle de mère et d'épouse élégante et cultivée – si elles ne choisissent pas d'entrer dans les ordres, l'unique alternative qui s'offre alors aux jeunes filles de bonne famille. « Nous ne sommes pas des institutrices, mais des éducatrices »[12], explique la directrice des classes élémentaires à Simone et à sa mère. L'école propose des cours de « culture générale » où l'on apprend à faire la révérence et à tenir salon, les seules compétences qu'une femme de l'époque se doit de posséder. Il est fréquent et même souhaité que les mères des fillettes assistent aux cours. Elles s'assoient alors au fond de la salle et tricotent. Simone est enchantée par la perspective d'aller à école et par la nouvelle vie qui l'attend: « L'idée d'entrer en possession d'une vie à moi m'enivrait. Jusqu'alors j'avais grandi en marge des adultes; désormais j'aurais mon cartable, mes livres, mes cahiers, mes tâches; ma semaine et mes journées se découperaient selon mes propres horaires (...). »[13]

Élève brillante, appliquée et avide de connaissances, Simone est souvent première de sa classe. Une vraie petite intello ! Elle reçoit régulièrement les prix récompensant la piété, l'obéissance et la conduite – les enseignantes accordant moins d'importance aux notes, bien trop profanes. L'école est un sanctuaire, hermétiquement clos, dont la mission est de protéger les jeunes filles du monde extérieur et de ses influences néfastes – comprendre, entre autres, la République laïque. Avant de se rendre en classe, Simone assiste sagement à la messe du matin avec sa mère et sa sœur. Le soir, après les devoirs, une heure est consacrée à la prière. Françoise s'investit beaucoup dans l'éducation de son aînée: elle l'accompagne en classe, lui fait réviser ses leçons et apprend même l'anglais et quelques notions de latin pour pouvoir suivre les cours avec elle.

TELLE MÈRE, TELLE FILLE?

Pas chez les Beauvoir! Simone s'oppose très tôt à sa mère. Avec le temps, leur relation finira par s'apaiser. La mort de Georges de Beauvoir, en 1941, y est sans doute pour quelque chose. Il ne laisse derrière lui aucun héritage, contraignant Françoise, âgée de cinquante-quatre ans, à travailler. L'éternelle insatisfaite se mue alors en une femme pressée d'embrasser sa toute nouvelle liberté: «Elle avait profité de sa liberté retrouvée pour se reconstruire une existence conforme à ses goûts. (...) Elle avait passé des examens, fait des stages, et obtenu un certificat qui lui avait permis de travailler comme aide-bibliothécaire dans les services de la Croix-Rouge.»[14]
Françoise va travailler à bicyclette, s'engage dans diverses associations, approfondit sa connaissance de l'anglais, apprend l'italien et l'allemand. Dans *Une mort très douce*, écrit après le décès de sa mère en 1963, Simone dresse un portrait tendre de cette nouvelle Françoise, heureuse et pleine de vie, qui finit par se faire à la profession et au style de vie de sa fille.

En 1914, la guerre éclate et le Cours Desir se transforme pour un temps en hôpital militaire. Georges de Beauvoir est appelé au front puis renvoyé à Paris dès le début de l'année 1915 en raison de problèmes cardiaques. Il travaillera au ministère de la Guerre jusqu'à la fin du conflit. En 1917, tout s'effondre : Georges, qui a eu la mauvaise idée d'investir autrefois dans des actions russes, perd une grosse partie de sa fortune lors de la révolution d'Octobre. Les Beauvoir doivent alors se rendre à l'évidence : leur statut social a changé. Ils quittent le grand appartement du boulevard du Montparnasse pour s'installer quelques rues plus loin, au cinquième étage d'un immeuble de la rue de Rennes. Simone déteste ce nouvel appartement, bien plus petit, qui ne possède ni salle de bain ni eau courante. Georges enchaîne les emplois mal rémunérés. On doit se séparer de la bonne. La suite logique serait de retirer les filles du privé – leur père pense qu'elles seraient tout aussi bien dans un établissement public – mais Françoise arrive toujours à réunir la somme nécessaire pour payer le Cours Desir.

Le moindre centime compte désormais : les deux sœurs sont obligées de porter leurs vêtements jusqu'à l'usure (on les aura connues plus élégantes...) et, pour la première fois, Simone doit partager sa chambre avec Hélène. La pièce est si petite que les deux lits prennent toute la place. Simone se réfugie dans les livres, au grand déplaisir de sa mère qui voit d'un très mauvais œil cet intérêt pour la littérature. Qui sait ce qu'elle pourrait y trouver ! Françoise passe chaque ouvrage au

« Penser contre soi est souvent fécond ; mais ma mère, c'est une autre histoire : elle a vécu contre elle-même. Riche d'appétits, elle a employé toute son énergie à les refouler et elle a subi ce reniement dans la colère. »[15]

peigne fin avant qu'il ne tombe entre les mains de Simone. En cas de propos douteux, voire immoraux, elle agrafe tout simplement les pages entre elles!

Georges, qui n'a plus d'autre choix que de travailler pour nourrir sa famille, réalise qu'il ne pourra pas payer de dots suffisantes pour ses filles: «Vous, mes petites, vous ne vous marierez pas, répétait-il souvent. Vous n'avez pas de dot, il faudra travailler.»[16] Cette nouvelle sonne le glas des ambitions sociales des Beauvoir. Si l'on en croit ses *Mémoires*, Simone ne semble pas contrariée plus que ça par cette situation. L'annonce de son père la laisse-t-elle de marbre? Pas tout à fait... la jeune Simone est une grande romantique qui n'a rien à reprocher au mariage:

«Peut-être qu'un jour je me marierai; si ce n'est pas probable, c'est du moins possible. En tout cas c'est le plus grand bonheur que je puisse rencontrer dans cette vie; c'est le plus grand bonheur je pense que toute femme, tout homme puisse attendre de la vie.»[17]

La guerre a ruiné de nombreuses familles et les sœurs Beauvoir ne sont pas les seules à devoir chercher un travail en lieu et place d'un mari. Mais cela ne dérange pas Simone. Un jour, tandis qu'elle aide sa mère à faire la vaisselle, elle a une révélation:

«Chaque jour, le déjeuner, le dîner; chaque jour la vaisselle; ces heures indéfiniment recommencées et qui ne mènent nulle part: vivrais-je ainsi? (...) Non, me dis-je, tout en rangeant dans le placard une pile d'assiettes ; ma vie à moi conduira quelque part.»[18]

Simone n'est encore qu'une jeune bourgeoise, mais une bourgeoise qui rêve de sortir du cadre. La situation financière de sa famille la pousse à aller de l'avant et à se fixer des objectifs à atteindre, d'abord à l'école, plus tard dans la vie.

En classe, Simone fait la connaissance d'Élisabeth Lacoin, aussi enjouée qu'insolente et qui, comme elle, fait preuve d'intelligence et de maturité. Tour à tour premières de la classe, elles deviennent rapidement «les deux inséparables». Zaza, comme l'appelle Simone, adore remettre l'autorité des adultes en question. Elle est spontanée, rebelle, en un mot: elle a de la «personnalité». Simone, dont on félicite le sérieux et la politesse, a peur de paraître ennuyeuse aux yeux de son amie: «Je n'ai pas de personnalité, me disais-je tristement (...) je n'apercevais nulle trace de ma subjectivité.»[19]

Un cerveau d'homme

En grandissant, Simone reçoit de plus en plus d'attention de la part de son père. Georges n'ayant pas de fils avec qui parler d'égal à égal, c'est sa fille aînée qui remplit ce rôle. Après tout, «Simone a un cerveau d'homme»[20]. Ensemble, ils parlent culture et littérature. Il incarne pour elle le monde intellectuel – un monde d'hommes, bien loin du petit appartement familial.

Simone supporte mal les critiques de Françoise, bigote et *control freak*. Le manque d'argent l'a transformée en véritable martyre, prête à se sacrifier corps et âme pour sa famille – tout en continuant de se conformer aux normes sociales. Ne parvenant pas à trouver son salut, elle devient envieuse, lunatique. Pour Simone, un véritable fossé sépare son père (l'intellect) de sa mère (le spirituel), «deux domaines radicalement hétérogènes entre lesquels ne pouvait se produire aucune interférence»[21].
L'égoïsme de Georges se heurte à la sévère morale traditionaliste de Françoise. «Ce déséquilibre qui me vouait à la contestation explique en grande partie que je sois devenue une intellectuelle.»[22]

LE SAVIEZ-VOUS ? SIMONE EN 14 POINTS (SURPRENANTS)

1. Simone crapote plus qu'elle ne fume.
2. L'un des personnages de son roman *L'Invitée* s'appelle Françoise, comme sa mère – un choix délibéré.
3. En 1941, lors d'une promenade à vélo dans les Alpes aux côtés de Sartre, Simone chute en essayant d'éviter deux cyclistes qui arrivent à contresens et perd une dent !
4. Simone a un problème avec le tutoiement. Sartre et elle se vouvoieront toute leur vie.
5. Simone mange presque tous les jours à l'extérieur,

sauf pendant la Seconde Guerre mondiale – manger dans les bistrots était devenu trop cher.
6. Elle commence à porter son célèbre turban pendant la Seconde Guerre mondiale, pour des raisons bien plus pratiques qu'esthétiques: elle ne peut pas se laver les cheveux aussi souvent qu'elle le souhaiterait. *No more bad hair days!*
7. Simone adore la corrida. Choquant? Elle s'en fiche.
8. Simone adore conduire... mais on ne peut pas dire que ce soit son point fort.
9. Elle ne sait pas non plus très bien nager, n'ayant jamais eu l'occasion d'apprendre, et se contente souvent de flotter. En 1950 elle manque d'ailleurs de se noyer dans le lac Michigan.
10. Simone a deux péchés mignons: les voyages et les vinyles.
11. Elle connaît du beau monde et ne manque pas d'en parler dans ses lettres et mémoires: «Chez Ellen Wright, j'ai rencontré cet objet ridicule nommé Truman Capote. Vêtu d'un immense chandail blanc et de pantalons de velours bleu, tout semblable à un champignon»[23]. Elle connaît aussi Colette, qui l'impressionne par son «œil olympien»[24].
12. À l'occasion de son centième anniversaire, le 9 janvier 2008, *Le Nouvel Observateur* a publié en une du journal une photo de Simone nue (et retouchée), de dos, prise dans la salle de bain de son amant Nelson Algren à Chicago. Une publication qui a fait scandale et agité les réseaux sociaux, témoignant du statut d'icône intouchable et presque désincarnée de Simone.

13. La passerelle Simone de Beauvoir, inaugurée à Paris en 2006, relie les 12e et 13e arrondissements.
14. Pour son cent-sixième anniversaire, le 9 janvier 2014, Google lui a dédié l'un de ses célèbres *doodles :* un portrait de Simone jeune devant le café de Flore.

La jeune Simone cherche à tout prix à impressionner son père. Bien sûr, elle est intelligente et bonne élève, mais aux yeux de Georges, il lui manque quelque chose d'essentiel pour une femme: la beauté. Elle a douze ans lorsqu'il déclare la trouver laide[25]. Plaisante-t-il? Pas sûr. Acné, cheveux gras... la puberté n'est pas une période facile pour Simone qui se sent mal dans sa peau – comme tou·tes les adolescent·es finalement. Si seulement elle avait les cheveux blonds et la beauté de sa sœur! Pour Georges, le physique est plus important que l'intellect, alors il appuie là où ça fait mal. Simone est terriblement blessée et se souviendra de cette remarque toute sa vie, mais elle ne lui en tient pas vraiment rigueur. Rien ne peut entacher l'admiration qu'elle porte à son père. Elle continue d'adopter la plupart de ses théories et opinions, même en ce qui concerne la religion – elle qui se préparait jusqu'ici à la pénitence! «Chaque année, je faisais une retraite; toute la journée, j'écoutais les instructions d'un prédicateur, j'assistais à des offices, j'égrenais des chapelets, je méditais (...) Je notais sur un carnet les effusions de mon âme et des résolutions de sainteté.»[26]

Les années passant, Simone la pieuse commence à douter de sa foi: il lui est désormais difficile de prendre au sérieux la ferveur religieuse qui règne au Cours Desir. Elle ne voit plus les institutrices «comme les augustes prêtresses du Savoir mais comme d'assez dérisoires bigotes»[27]. Accompagnée d'une Zaza toujours partante pour le scandale, Simone se dresse contre le régime autoritaire de l'établissement – et se fait rapidement sermonner. Hélène, «l'autre Beauvoir» à l'école comme à la maison, fait preuve d'encore plus de culot: elle fonde *L'Écho du Cours Desir* avec une amie. Zaza et Simone y collaborent en rédigeant de cuisants pamphlets contre tout ce qui a le don de les énerver. Les institutrices sont les premières visées:
«Les sermons onctueux, les rabâchages solennels, les grands mots, les simagrées, c'était de la bêtise; il était bête d'attacher de l'importance à des broutilles, de s'entêter dans les usages et les coutumes, de préférer les lieux communs, les préjugés, à des évidences.»[28]

Mademoiselle de Beauvoir apprend peu à peu à penser par elle-même et réalise que de nombreux écrivains et philosophes ne sont pas croyants, comme son père. Elle constate également que les femmes se rendent bien plus souvent à l'église que leurs maris mais ne bénéficient pas pour autant d'un statut privilégié sur cette Terre: ce sont les hommes qui décident de tout[29]. De quoi s'interroger...jusqu'à se rendre à l'évidence: «Impossible de tricher plus longtemps: la désobéissance soutenue et systématique, le mensonge, les rêveries impures n'étaient pas des conduites innocentes. Je plongeai mes mains dans la fraîcheur des lauriers-cerises, j'écoutai le glouglou de l'eau, et je compris que rien ne me ferait renoncer aux joies terrestres. "Je ne crois plus en Dieu", me dis-je, sans grand étonnement. »[30]

C'est à quatorze ans, pendant les vacances d'été à Meyrignac, que celle qui s'amusait plus jeune à inventer des châtiments corporels et envisageait sérieusement de consacrer sa vie à Dieu perd la foi. Au début, Simone n'en parle à personne, pas même à Zaza qui reste très catholique malgré son côté rebelle. Elle ne dit rien non plus à Françoise, bien sûr, par crainte de sa réaction. Simone continue de se rendre docilement à la messe et communie comme si de rien était. Ce terrible secret demeure toutefois difficile à porter et elle finit par l'avouer à sa mère. Ô rage, ô désespoir, la pauvre petite, elle est perdue ![31] Dès lors, les querelles se multiplient. Simone se réfugie dans les livres et consacre toute son énergie à son travail scolaire. Enfin… presque toute son énergie, car elle passe aussi beaucoup de temps à penser à son cousin Jacques Champigneulle, dont elle est follement amoureuse. Beau, intelligent, indépendant et sûr de lui, il est plus âgé de quelques mois et aspire à une vie de bohème – autant dire que lui et Georges s'entendent bien. Il est chez les Beauvoir comme chez lui mais le temps passant, Jacques le libéral, qui adore le surréalisme, la poésie, bref, tout ce qui se dit avant-gardiste et moderne, a de plus en plus de mal à supporter les opinions très conservatrices de Georges. Simone rêve de l'épouser et se réjouit de l'attention qu'il lui porte, d'autant que son père s'intéresse de moins en moins à elle. *Spoiler alert*: il ne se passera jamais rien entre Jacques et Simone, mais que de temps passé à s'imaginer mariée à lui !

« Trahir sa classe, renier son sexe »

En 1924, Simone obtient la première partie de son baccalauréat avec la mention bien. C'est aussi une année de grands changements dans le système éducatif français: désormais, les filles pourront passer le même baccalauréat que les garçons. Le Cours Desir propose alors une année supplémentaire d'enseignement pour préparer les jeunes filles à l'examen. Simone est aux anges! Sa mère accepte même de la laisser réviser au jardin du Luxembourg. Installée sur la pelouse ou près de la fontaine Médicis, coiffée d'un canotier et vêtue d'une jupe blanche plissée et d'un corsage bleu hérités d'une cousine, Simone se sent plus adulte que jamais. En parallèle du Cours Desir où elles suivent les cours de philosophie d'un vieil abbé, Zaza et elle bénéficient de cours particuliers en mathématiques. L'enseignement dispensé au Cours Desir ne s'étant pas vraiment amélioré, Simone obtient tout juste la moyenne à l'épreuve de philosophie mais elle réussit malgré tout l'examen.

Extrêmement fiers de leur fille, Françoise et Georges se font néanmoins du souci pour son avenir: Simone s'est mise en tête d'étudier la philosophie, une matière que son père qualifie de «billevesées»[32] et que sa mère tient pour immorale. À quoi cela pourra-t-il bien lui servir? Mais Simone a pris sa décision: elle sera professeure de philosophie. «Ce qui m'attira surtout dans la philosophie, c'est que je pensais qu'elle allait droit à l'essentiel. (...) c'est la totalité du réel qu'elle visait; elle s'installait tout de suite en son cœur et me découvrait, au lieu d'un décevant tourbillon de faits ou de lois empiriques, un ordre, une raison, une nécessité.»[33]

Scandale! Onze ans qu'on paie pour son éducation dans un cours privé catholique et voilà qu'elle choisit de devenir professeure dans un établissement public – comprendre «un repaire de dépravés». Pour ses parents, cette décision est la preuve de leur échec social. Ils font tout pour contrarier ses projets, mais Simone est têtue... Soit, elle étudiera la philosophie, mais pas question qu'elle aille à l'université. Françoise s'applique donc à trouver le meilleur établissement pour sa fille (dans l'idéal privé et catholique) et l'inscrit à l'institut Sainte-Marie de Neuilly, situé dans un ancien couvent. Simone accepte et se laisse même convaincre de préparer finalement une licence de lettres. Elle préparera en parallèle un certificat de mathématiques à l'Institut Catholique de Paris. Ce compromis semble lui convenir: «L'avenir n'était plus un espoir: je le touchais. Quatre ou cinq ans d'études, et puis toute une existence que je façonnerais de mes mains. Ma vie serait une belle histoire qui deviendrait vraie au fur et à mesure que je me la raconterais.»[34]

«Les réticences de mon père m'étonnaient et me piquaient bien davantage. Il aurait dû s'intéresser à mes efforts, à mes progrès, me parler amicalement des auteurs que j'étudiais: il ne me marquait que de l'indifférence et même une vague hostilité.»[36]

Françoise et Georges se résignent à contrecœur à l'avenir envisagé par leur fille: «Quel dommage que Simone ne soit pas un garçon: elle aurait fait Polytechnique!»[35] Simone a beaucoup de mal à répondre aux attentes de ses parents. Même s'ils savent qu'elle n'a pas d'autre choix, ils ne supportent pas que leur fille travaille. En se pliant aux contraintes économiques, elle trahit à la fois son milieu et son genre. C'est du moins comme cela que Georges – oisif de métier – voit les choses.

1925 marque le début d'une nouvelle vie pour Simone, qui se sent pousser des ailes. Problème, elle habite toujours chez ses parents et ils n'ont pas l'intention de la laisser s'envoler. À Sainte-Marie, elle doit s'accrocher pour suivre car l'enseignement dispensé est bien plus strict et exigeant qu'au Cours Desir. Mais Simone redouble d'efforts et fait bientôt partie des meilleures élèves. L'institut est dirigé par Madeleine Daniélou, une femme moderne et engagée qui croit au pouvoir libérateur de l'éducation pour les femmes – si Françoise savait! Une fois lancée, Simone ne s'arrête plus et enchaîne les certificats. Ses difficultés se trouvent ailleurs: elle ne sait pas comment faire pour créer des liens avec les autres étudiantes, préférant les relations profondes aux amitiés superficielles. Elle ne trouve personne qui ne l'ennuie ou ne la déçoive rapidement et reste souvent seule à ruminer. L'université, qui devait lui ouvrir les portes d'un monde nouveau, n'est plus si prometteuse: «Jusqu'alors, je m'étais accommodée de vivre en cage, car je savais qu'un jour, chaque jour plus proche, la porte s'ouvrirait; voilà que je l'avais franchie, et j'étais encore enfermée. Quelle déception ! »[37]

Simone pensait que tout changerait une fois qu'elle aurait quitté l'horrible Cours Desir, la voilà déçue. En proie au doute, elle commence à tenir un journal intime. « Je me séparais de la classe à laquelle j'appartenais: où aller ? »[38] Question difficile pour une jeune femme de dix-huit ans qui, moins par conviction que par nécessité, s'est muée en rebelle et en traître. Une professeure de l'institut Sainte-Marie la pousse en 1926 à passer une licence de philosophie en plus de la licence de lettres dans laquelle elle est inscrite. Simone l'écoute et miracle, ses parents la laissent faire – à ce stade, ils ont renoncé à sauver son âme. Elle est ravie, mais cela ne change rien à sa solitude. Comme elle n'a pas d'autre amie, Simone se tourne vers sa sœur. Hélène s'en réjouit, même si, contrairement à Simone, elle n'a aucun problème de ce côté-là. Les deux sœurs forment à nouveau un front uni contre Françoise. Hélène, qui est sur le point de terminer sa scolarité au Cours Desir, ne supporte plus d'être sous le contrôle de sa mère et propose à Simone (alors terrorisée par l'idée) de se rebeller: à partir de maintenant Françoise n'aura plus le droit d'ouvrir les lettres adressées à ses filles: « Nous priâmes notre mère de ne plus censurer notre correspondance. Elle répondit qu'elle avait le devoir de veiller sur nos âmes, mais finalement elle céda. C'était une importante victoire. »[39] Ainsi fut fait. Les sœurs Beauvoir triomphent, et Simone se sent plus proche d'Hélène que jamais.

Erreurs, errances

Quand elle n'est pas avec Hélène, Simone passe beaucoup de temps avec son cousin Jacques. Ses sentiments pour lui sont toujours là, et sa mère aussi espère un mariage – dot ou non. Françoise a sans doute un sentiment de déjà-vu: plus jeune, elle-même était amoureuse de son cousin Charles, qui n'est autre que le père de Jacques. Françoise fait donc tout pour que sa fille ait plus de chance qu'elle avec les hommes Champigneulle. Jacques emmène Simone en virée dans sa voiture de sport, lui recommande des lectures, lui offre des recueils de poésie et, surtout, lui porte de l'attention. Celle qui s'efforçait jusqu'ici au respect des conventions se fiche soudainement de ce que pourrait penser sa mère: elle se met à fumer, à boire, et ne rentre pas à la maison avant l'aube. Françoise commence à se méfier. Intelligent, amusant, Jacques est peut-être un mentor pour sa fille, mais il n'est pas très fiable. Il disparaît parfois sans un mot, reste absent des jours durant puis revient sonner à sa porte comme si de rien était. Simone ne sait plus quoi penser: qu'est-ce que Jacques voulait dire quand il a dit ça? L'aime-t-il? Quand vont-ils se revoir? Son journal regorge d'interrogations.

«Je souffre, mardi soir au dîner chez lui il m'a dit des mots si lourds que je fus oppressée de nouveau d'une tendresse trop grande. (...) J'ai peur de lui, j'ai peur de moi. Je sens trop ma faiblesse, mon irrémédiable sottise qui me porte à dramatiser un badinage, à me torturer pour quelques mots en l'air. (...) Que puis-je être pour lui? En quoi lui suis-je nécessaire?»[40] Heureusement qu'en 1927 il n'y avait ni téléphone portable, ni réseaux sociaux! Simone ne dispose que de leur correspondance – et de leurs conversations – pour tenter d'interpréter les sentiments de Jacques. Quand Jacques est de bonne humeur, Simone l'est aussi. Mais s'il ne lui écrit pas, alors c'est le drame: elle ne l'intéresse pas, c'est sûr! Dans leur famille on s'emballe un peu et on les voit déjà mariés, mais dans les faits il ne se passe rien: ils ne se tiennent même pas la main.

CINQ CHOSES QUE SIMONE DÉTESTE

1. Le fromage.
2. Les gens qui n'arrivent pas à suivre ses explications.
3. Les gens qui n'arrivent pas à suivre son flot de paroles.
4. La bourgeoisie.
5. Vieillir.

Simone fait tout pour impressionner Jacques et rejoint en 1927 les Équipes sociales, créés par Robert Garric qui est alors son professeur de philosophie. L'objectif de ce mouvement catholique et social est de venir en aide aux familles ouvrières du nord de Paris. Garric réunit pour cela plusieurs de ses étudiant·es et les envoie travailler comme éducateur·ices et professeur·es.

«Enfin je rencontrais un homme qui au lieu de subir un destin avait choisi sa vie; dotée d'un but, d'un sens, son existence incarnait une idée, et elle en avait la superbe nécessité.»[41]

Ayant soudain le sentiment de ne rien faire d'intéressant de sa vie, Simone décide de redoubler d'entrain dans ses lectures: «Je m'interdis les lectures frivoles, les bavardages inutiles, tous les divertissements; (...) à table, j'apportais un livre (...).»[42] Elle s'épuise au travail pour combler le sentiment de vide. Avec les équipes, elle fait tout pour enseigner la base de la philosophie et de la littérature aux jeunes femmes qu'elle rencontre, mais sans grand succès. Tant pis, au moins elle passe un soir par semaine hors de la maison, loin du regard inquisiteur de sa mère. En plus de ces activités, elle travaille comme professeure assistante à l'institut Sainte-Marie où elle suit des cours de logique et de philosophie. Elle est également inscrite en philosophie à la Sorbonne depuis l'hiver 1926. Jacques est toujours dans ses pensées, mais ça ne semble pas réciproque. Il ignore ses lettres et ne semble pas prêt à «se poser». Simone – et que dire de sa mère! – aimerait pourtant bien qu'il se décide: y aura-t-il un mariage un jour, oui ou non? Heureusement, Zaza, qui étudie également à Sainte-Marie, est là pour lui changer les idées. Elle aussi se bat au quotidien avec une mère-poule qui se mêle de tout et voudrait contrôler sa vie. Simone et elle passent des heures à discuter – les garçons étant un de leurs sujets favoris. Simone en est convaincue, Zaza est son âme sœur. Si Françoise se réjouit de cette amitié, la mère de Zaza aimerait plutôt y mettre un terme. Contrairement à la famille Beauvoir, les Lacoin ont de l'argent et souhaitent que leur fille se marie conformément à son rang. Zaza ferait donc mieux de chercher un homme approprié plutôt que de perdre son temps avec des amitiés inutiles aux influences néfastes. Ses parents veulent à tout prix éviter qu'elle connaisse le même destin tragique que Simone – *aka* «travailler». Les filles se voient donc en secret.

Sur le plan psychologique, Simone connaît des hauts et des bas. Le diplôme universitaire qui doit lui offrir liberté et indépendance est encore loin. À tout juste dix-neuf ans, elle vit ce qu'on appellerait aujourd'hui la «crise de la vingtaine»: «Je travaillais pour avoir un métier; mais un métier, c'est un moyen: vers quelle fin? Le mariage, pour quoi faire? Élever des enfants ou corriger des devoirs, c'était la même inutile ritournelle.»[43] Elle se sent mal aimée, stressée par la situation avec Jacques et connaît de plus en plus d'épisodes dépressifs. Bref, elle n'en peut plus d'attendre que la «vraie» vie commence. Mais quand? Et comment?

Besoin de personne

Simone réalise qu'elle seule peut se sortir de cette situation. Inutile d'attendre qu'on vienne la sauver, elle n'a besoin de personne. Au printemps 1928, sa décision est prise: elle mettra les bouchées doubles pour terminer ses études un an plus tôt. Oui, la masse de travail va être considérable, mais Simone a l'habitude. Elle prépare donc l'agrégation en même temps que son diplôme: «En décidant de préparer le concours, je m'étais enfin évadée du labyrinthe dans lequel je tournoyais depuis trois ans: je m'étais mise en marche vers l'avenir.»[44]

Quelques mois plus tard, Simone a rassemblé tous les certificats et attestations nécessaires à sa licence en philosophie. Son quotidien? Apprendre, apprendre et encore apprendre. Mais elle réalise que son existence ne peut pas se résumer à ça, elle veut vivre aussi! «J'étais à deux doigts de m'avouer la vérité: j'en avais assez d'être un pur esprit.»[45] Simone se lie d'amitié avec Maurice Merleau-Ponty, alors étudiant à l'École normale supérieure. Ils semblent avoir beaucoup de points communs: tous deux ont été élevés dans la religion catholique mais ont fini par abandonner leurs croyances chrétiennes et la morale qui va avec. Ils ont à peu près les mêmes goûts en littérature et partagent la même passion pour la philosophie, mais Simone découvre que Maurice est bien plus religieux et beaucoup moins rebelle qu'annoncé. Leur amitié demeure, sans pour autant devenir la relation fusionnelle qu'elle espérait. Zaza par contre, aime beaucoup Maurice – et Maurice aime beaucoup Zaza. Très amoureux, ils se mettent à parler mariage jusqu'à ce que la mère de Zaza mette le holà, Maurice n'étant clairement pas assez bien pour sa fille.

ÉLISABETH LACOIN (1907-1929)
MEILLEURE AMIE & MUSE

C'est avec la parution des *Mémoires*, en 1958, que des millions de lecteurs et lectrices font la connaissance d'Élisabeth Lacoin, dite « Zaza », la meilleure amie de Simone. Zaza vient également d'un milieu privilégié. Son père est ingénieur ferroviaire, sa mère s'occupe des obligations sociales de la famille (nombreuse: Zaza est la troisième d'une fratrie de huit). Les deux jeunes filles se rencontrent en 1917 au Cours Desir et se lient rapidement d'amitié. Contrairement à la sérieuse et timide Simone, Zaza est espiègle, pleine de vie, et aime se mettre en avant, du moins pour un temps. Sa sœur aînée s'apprête à démarrer sa nouvelle vie de femme au foyer et Zaza craint de devoir bientôt faire de même. Tiraillée entre sa volonté de plaire à sa mère – qu'elle adore – et ses propres désirs, elle n'arrivera jamais à se défaire totalement des attentes de sa famille et du milieu conservateur dont elle est issue. Ses parents l'autorisent à poursuivre des études, mais son avenir est tout tracé: elle sera épouse et mère. Dans ses *Mémoires*, Simone se souvient d'une des citations préférées de Zaza: « Les choses que j'aime ne s'aiment pas entre elles. » (Charles-Ferdinand Ramuz)[46]. Pourtant, Zaza embrasse un temps l'espoir d'être heureuse, grâce à Simone justement, qui lui présente Maurice Merleau-Ponty. Catholique pratiquant, issu d'une bonne famille et en voie de devenir professeur de sport, Maurice aurait tout pour plaire à ses parents mais sa mère ne partage pas cet avis. Chez les Lacoin, on ne se marie pas par amour. Sans compter que Maurice est un ami de Simone – que madame Lacoin n'apprécie pas particulièrement – et qu'il n'est pas tout à fait celui qu'il prétend être. En effet, le détective embauché par le père de Zaza – oui, vous avez bien lu – a découvert que le jeune homme est le fruit d'une relation extraconjugale de sa mère avec un professeur émérite. Scandale ! Et adieu, donc, la possibilité d'un mariage. Zaza est priée de terminer ses études, de passer une année à Berlin et de trouver fissa un mari digne de ce nom. Mais Zaza tombe gravement malade. Hospitalisée dans une clinique de Saint-Cloud, elle y meurt en 1929. Méningite ou encéphalite, les médecins hésitent, mais pour Simone c'est autre chose: Zaza est morte de chagrin, elle en est convaincue, et ne peut s'empêcher de se sentir coupable: « Ensemble nous avions lutté contre le destin fangeux qui nous guettait, et j'ai pensé longtemps que j'avais payé ma liberté de sa mort. »[47]

À l'été 1928 Simone décide d'arrêter sa licence de lettres. Elle s'y ennuie, et peut gagner un semestre en ne passant que la philosophie. Ses parents sont déçus, deux licences c'était quand même mieux qu'une, mais Simone s'en fiche. Pour obtenir son diplôme, elle doit rédiger un mémoire et choisit de traiter «le concept chez Leibniz». Françoise ne sait vraiment pas comment s'y prendre avec sa fille aînée: «J'avais toujours un peu intimidé maman à cause de l'estime intellectuelle où elle me tenait (...)»[48], mais accepte à contrecœur de lui donner un peu plus de liberté – dont Simone profitera pour voir Jacques.

Côté études, tout se passe bien. Côté relations, Simone fait des progrès: pendant les vacances d'été 1928 elle se lie d'amitié avec la gouvernante ukrainienne embauchée par les Lacoin, la pétillante Stépha. Avec elle, Simone découvre la vie nocturne parisienne, mais aussi l'art du flirt. Stépha tente même de la relooker et lui apprend à se maquiller. Elle est très différente de Simone et Zaza. Désinvolte, sensuelle, elle vous prend dans ses bras sans raison et semble s'y connaître en matière de sexualité – contrairement à Simone qui aime jouer les provocatrices en public mais n'a aucune expérience dans ce domaine. Elle est, disons... naïve, et ce n'est pas surprenant compte tenu de son éducation. Chez les Beauvoir, le corps est tabou, et pour Françoise, sexualité et péché ne font qu'un. Simone n'a bien entendu jamais abordé le sujet avec ses parents. Le peu qu'elle sait, elle le doit à ses lectures, ses observations, et aux récits de sa cousine Madeleine. Le jour où Françoise réalise qu'elle doit tout de même apprendre deux ou trois choses à sa fille, elles sont aussi gênées l'une que l'autre: « "Il y a certaines choses qu'il faut que tu saches", dit-elle. Je rougis aussi: "Je les sais", dis-je vivement. »[49] Et... c'est tout!

Simone et Stépha s'amusent et se choquent mutuellement. Simone trouve scandaleux, par exemple, que Stépha pose nue pour le peintre Fernando Gerassi – qu'elle épousera. Stépha à l'inverse, est parfois choquée par la frivolité de Simone dans les bars parisiens: elle laisse des inconnus lui offrir des verres, fait semblant de se disputer avec Hélène pour qu'on les remarque, et finit parfois la soirée à vomir dans le métro. La plupart de ces excursions nocturnes finissent bien, mais en essayant de pimenter son quotidien et de s'extraire de ce milieu bourgeois qu'elle déteste, Simone en fait un peu trop. Son rapport au corps y est sans doute aussi pour quelque chose. Simone est une femme d'esprit qui adorerait continuer à se voir ainsi, sauf qu'il lui est impossible d'ignorer plus longtemps ce besoin de contacts physiques qu'elle ressent désormais et qui lui fait honte.

Simone consacre les années 1928 et 1929 à préparer l'agrégation. Elle se rend régulièrement à la Sorbonne et à l'École normale supérieure pour assister à des séminaires. En janvier 1929, elle fait son stage au lycée Janson-de-Sailly aux côtés de Maurice Merleau-Ponty

*«Je dansais,
des bras m'étreignaient
et mon corps pressentait
des évasions,
des abandons plus
faciles et plus apaisants
que mes délires.»*[50]

et Claude Lévi-Strauss. La liberté tant espérée se rapproche à grands pas. Et Jacques alors? Ayant raté par deux fois son examen de droit, il est désormais obligé d'épouser une femme disposant d'une dot suffisante. Sa cousine n'est donc plus une option, si tant est qu'elle en ait jamais été une. Malgré son emploi du temps chargé, Simone trouve encore le temps de remplir son journal de ô Jacques, reviens-moi, ô Jacques, écris-moi. Elle ne sait toujours pas ce qu'elle préférerait: réussir son concours ou épouser son cousin? Mais Jacques étant hors de portée – littéralement: il fait son service militaire en Algérie depuis le printemps 1928 –, la décision sera peut-être plus facile à prendre.

Seuls quelques examens séparent Simone de la vie qu'elle rêve de mener. Son agrégation en poche, elle pourra subvenir à ses besoins, quitter la maison de ses parents, bref, vivre sa vie selon ses propres règles. Elle aurait bien besoin d'un modèle pour l'aiguiller mais elle n'en trouve pas, peu de jeunes filles de bonne famille ayant osé suivre cette voie jusqu'ici. Pour gagner son indépendance, Simone va devoir se lancer, et apprendre de ses échecs. À seulement vingt et un ans, elle est déjà passée par toutes les crises existentielles possibles pour une jeune adulte. Si elle sait garder la tête froide quand il faut, elle reste très «intense»: libérée du snobisme bourgeois, son journal intime déborde de vitalité et d'une très forte volonté de vivre.

Finalement, c'est presque par accident que Simone est devenue une rebelle. Si sa famille n'avait pas perdu son argent et avait pu payer pour elle une dot décente, il est possible que sa vie se soit déroulée autrement. On ne le saura jamais. Désormais, cette jeune fille (pas si) rangée peut suivre sa route. Une route qu'elle va tracer elle-même, par sa pensée et par ses actes. Nombreux sont celles et ceux qui, à vingt et un ans, auraient reculé devant pareil défi. Simone, elle, décide de le relever.

« Sartre m'était aussi transparent que moi-même : quelle tranquillité ! »[1]

AIMER

CHRONOLOGIE

1929 Rencontre avec René Maheu, Jean-Paul Sartre et Paul Nizan

Agrégation

Mort de Zaza

Pacte avec Sartre

Sartre part au service militaire

1931 Obtient un poste de professeure de philosophie à Marseille

Sartre obtient un poste de professeur de philosophie au Havre

1932 Est mutée à Rouen

Fait la connaissance d'Olga Kosakiewicz

1935 Début du premier «trio»

1936 Obtient un poste de professeure de philosophie à Paris

1937 Wanda Kosakiewicz emménage à Paris

1938 Rencontre avec Bianca Bienenfeld et début du deuxième «trio»

Jacques-Laurent Bost devient son amant

1939 Début de sa relation avec Nathalie Sorokine

1947	Rencontre et début de sa relation avec Nelson Algren
1951	Fin de sa relation avec Nelson Algren
1952	Début de sa relation avec Claude Lanzmann
	Lanzmann emménage chez Simone
1958	Fin de sa relation avec Lanzmann
1960	Fait la connaissance de Sylvie Le Bon
1963	Rupture définitive avec Algren
1965	Sartre adopte Arlette Elkaïm
1980, 15 avril	Mort de Sartre
1981	Publication de *La Cérémonie des adieux*, suivi d'*Entretiens avec Jean-Paul Sartre*

Jardin du Luxembourg, un soir de juillet 1929: deux jeunes gens discutent philosophie morale près de la fontaine Médicis. La jeune femme – Simone – s'accroche coûte que coûte à sa «morale pluraliste» tandis que le jeune homme – Sartre – démonte ses arguments un par un. Trois heures plus tard, elle abandonne. De retour chez elle, elle écrit dans son journal: «Révélation d'une richesse de vie incomparable avec celle du jardin trop fermé où je m'enferme. (...) Je sens en moi quelque chose de trouble qui me fait peur, une violence qui m'épuise.»[2] Jean-Paul Sartre, son camarade de classe âgé de vingt-quatre ans, vient de gagner ce premier débat. Mais Simone n'a pas dit son dernier mot. Enfin un homme à son niveau, prêt à se mesurer à elle sans fausse retenue. Et si elle venait de rencontrer celui dont elle rêvait plus jeune?

L'homme, cet être mystérieux

Entre étudiant·es de l'École normale supérieure (ENS), presque tout le monde se connaît. Un petit groupe demeure cependant difficile d'accès: Jean-Paul Sartre, Paul Nizan et René Maheu. «Ils ne frayaient avec personne; ils n'assistaient qu'à quelques cours choisis et s'asseyaient à l'écart des autres. Ils avaient mauvaise réputation. On disait qu'ils "manquaient de sympathie à l'égard des choses"»[3]. Le trio infernal est connu pour ses farces et son mépris élitiste. Certes, ils étudient à l'ENS et sont donc membres de «l'élite», mais l'élite, pour eux, est une attitude qui se cultive. Sartre, aussi brillant que cynique, est le plus redouté des trois. En 1928, à la surprise générale – y compris la sienne –, il rate l'agrégation et se retrouve ainsi l'année suivante à étudier aux côtés de Madame-j'ai-un-an-d'avance. Simone commence par observer de loin ces trois jeunes hommes qui l'agacent autant qu'ils la fascinent, mais au printemps 1929, le nom de René Maheu apparaît de plus en plus souvent dans son journal intime: «À la BN (Bibliothèque Nationale, note de l'autrice), aperçu Maheu, vraiment sympathique: imprévu!»[4]. Si Maheu ignore Simone en présence de Nizan et Sartre, il discute volontiers avec elle lorsqu'ils sont seuls. Les semaines passant, ils se retrouvent de plus en plus souvent à la bibliothèque ou autour d'un déjeuner pour parler philosophie. Simone craque totalement pour le beau Maheu qui, c'est bête, est marié. Mais qui a dit que le mariage devait l'empêcher d'être libre? Simone acquiesce, enchantée. Maheu lui fait prendre conscience de tout ce qui fait d'elle une personne à part: elle a sa propre façon de marcher, de parler, d'être, tout simplement. Simone commence alors à se soucier de son apparence, ce qui plaît beaucoup à Maheu. Mais il n'est pas le seul à qui Simone fait de l'effet: Maurice de Gandillac, un autre de leurs camarades, l'admire énormément et l'épouserait volontiers. Simone n'est pas habituée à faire l'objet de tant d'attentions. Entre Zaza, Hélène, Gégé (Géraldine Pardo, une amie d'Hélène, étudiante en art elle aussi) et Stépha, elle a plutôt l'habitude d'être le vilain petit canard, mais c'est en train de changer: non seulement Simone est intelligente, mais elle a des yeux bleus à tomber et de beaux cheveux bruns. Ils sont donc plusieurs à faire la queue, Sartre compris. D'ailleurs il n'attend qu'une chose: que Maheu les présente. Comme Simone a fait la connaissance de Maheu en premier, Sartre ne peut l'aborder directement, il doit attendre que Maheu les introduise, sauf que Maheu n'a pas du tout envie de partager sa Simone, et encore moins avec Sartre – qui drague toutes les filles qu'il rencontre. Sartre ne se laisse pas décourager. Il demande à son ami de remettre à Simone, désormais experte de Leibniz, un dessin de sa part: *Leibniz au bain avec les Monades*.

Simone demeure toutefois insensible au charme sartrien. Dans son journal, il n'y en a que pour Maheu et pour Jacques, qu'elle n'arrive pas à oublier même s'il est toujours basé en Algérie et que la perspective d'un mariage semble éloignée à jamais. Heureusement, il reste Maheu, auprès de qui elle gagne en confiance. C'est lui qui lui donnera son célèbre surnom: «Les premiers temps il m'appelait avec affectation "Mademoiselle". Un jour il écrivit sur mon cahier, en grosses lettres: BEAUVOIR = BEAVER. "Vous êtes un castor, dit-il. Les castors vont en bande et ils ont l'esprit constructeur."»[5] Simone adore l'idée d'avoir un surnom donné par son Maheu. Ah, Maheu! L'homme parfait... Bon, comme le père de Simone avant lui, il trouve normal que les femmes ne bénéficient pas des mêmes libertés que les hommes, exige d'elles une attitude irréprochable et qu'elles restent vierges jusqu'au mariage. Mais à part ça, parfait, vraiment, si bien que Simone nourrit de plus en plus de désir à son égard... Problème: elle a peur de perdre son respect si elle couche avec lui. Dans ses mémoires, comme dans les entretiens qu'elle donnera, Simone jure qu'il ne s'est jamais rien passé entre eux. Rien n'est moins sûr en vérité! Beaucoup d'éléments laissent à penser que Simone et Maheu ont partagé le même lit durant l'été 1929. Ce qui est sûr en tout cas, c'est que Sartre n'était pas son premier amant – il le confirmera dans une interview en 1971.[6]

Simone est heureuse mais n'oublie pas que leur relation ne pourra pas durer, Maheu étant un homme marié. Et qui attend toujours sa chance? Sartre. La chance en question se présente alors que Maheu doit s'absenter quelque temps. Peu avant son départ, il propose à Simone de préparer l'oral de l'agrégation avec Nizan, Sartre et lui, une fois qu'il sera rentré. Mais Sartre – c'est comme ça que le présente Maheu – aimerait faire sa connaissance dès maintenant et propose qu'ils se retrouvent le soir suivant. Jaloux, Maheu suggère à Simone de refuser. Pas de problème, elle ne songe pas un seul instant aller contre la volonté de son Lama chéri – le surnom qu'elle lui donne. Mais Sartre, motivé comme jamais, la surprend en l'invitant directement... et elle s'entend accepter. Comment se sortir de cette situation? En envoyant Hélène au rendez-vous! «À quoi ressemble-t-il?», demande Hélène. «À un homme laid avec des lunettes. Tu ne seras pas déçue, il a, paraît-il, beaucoup d'humour.» Un avis qu'est loin de partager Hélène, qui le trouve «vraiment laid, et pas du tout aussi drôle qu'on le dit.»[7]

Petit homme pour grande mission

À part qu'il n'est ni séduisant, ni drôle, que savons-nous de ce Jean-Paul Sartre? Ses amis le surnomment «petit homme» – il ne mesure qu'un mètre cinquante-six. À tout juste quinze mois, il perd son père, officier dans la marine, mort de la fièvre jaune. Anne-Marie, sa mère, retourne vivre chez ses parents à Paris. Les Schweitzer sont une famille bourgeoise et l'éducation de Sartre est prise en charge par son grand-père Charles, professeur d'allemand et oncle d'Albert Schweitzer. Chez les Schweitzer, rigueur et bonne éducation occupent le devant de la scène. Jean-Paul est un enfant fragile avec un problème à l'œil. Il est scolarisé à la maison jusqu'à dix ans. Adoré par sa maman, cet angelot aux cheveux blonds se complait dans son rôle de «petit adulte», au centre de toutes les attentions. Malheureusement pour lui, tout s'arrête le jour où son grand-père l'emmène chez le coiffeur, la chevelure de son petit-fils de sept ans étant trop féminine à ses yeux. La famille doit alors se rendre à l'évidence: Jean-Paul n'est, en réalité, pas si mignon. «Il y eut des cris mais pas d'embrassements et ma mère s'enferma dans sa chambre pour pleurer: on avait troqué sa fillette contre un garçonnet.»[8] Jean-Paul Sartre n'est pas beau, soit, il faudra faire avec. Souvent seul

– les autres enfants l'évitent –, il découvre le pouvoir des mots, leur force de persuasion, de séduction aussi, et pense très tôt à devenir écrivain. En 1917, sa mère se remarie et Jean-Paul, douze ans, suit le couple à La Rochelle malgré son aversion pour son beau-père – l'idée de partager sa mère lui déplaît. Son départ pour l'internat trois ans plus tard fera du bien à tout le monde. Il a alors quinze ans et intègre le lycée Henri IV. C'est là qu'il rencontre son premier véritable ami: Paul Nizan, un fou de littérature, comme lui. Ensemble, ils préparent le concours d'entrée à l'École normale supérieure. Nizan le pousse à travailler son écriture et à trouver son style. Sartre publie ainsi quelques nouvelles et chapitres de roman dans de petites revues, puis commence à s'intéresser à la philosophie. L'enfant solitaire se transforme peu à peu en cet étudiant (très) farceur que Simone rencontrera en 1929. Son besoin constant de se faire remarquer pour son intelligence demeure néanmoins. «Fils de personne, je fus ma propre cause (...)»[9]. Sartre séduit par sa personnalité. Lorsqu'il rencontre Simone, il a déjà été fiancé une fois et a vécu une histoire avec l'actrice Simone Jollivet. Si la chance lui est donnée de la séduire, Sartre entend bien garder cette deuxième Simone dans sa vie.

«Sartre ne m'est pas sympathique»[10]. Bien qu'elle ait préféré envoyer sa sœur au rendez-vous et que la perspective de voir Sartre ne l'enchante toujours pas, Simone accepte de préparer l'oral avec les trois amis. On se donne rendez-vous dans la chambre d'étudiant de Sartre, une petite pièce remplie de feuilles de papier, de livres et de mégots de cigarettes. Simone est intimidée par les trois garçons mais finit par s'habituer à leur humour. Le petit groupe passe beaucoup de temps ensemble, pour étudier mais pas que. Ils partent volontiers en promenade, souvent en compagnie de la femme de Nizan, Henriette: «Que j'aime aussi leurs chants, que j'aime être au milieu d'eux, et prendre part à cette existence merveilleuse qu'ils créent!»[11] À contrecœur, Maheu «autorise» Sartre à devenir l'ami de Simone... qui se laisse séduire. Son intelligence et l'intérêt flagrant qu'il lui porte y contribuent. Devant le danger, Maheu tente tant bien que mal de s'assurer la première place dans le cœur de Simone: «Je veux bien que vous vous entendiez avec les petits camarades, mais (...) vous ne serez pas un petit camarade. – Bien sûr, je suis votre Castor.»[12] Ouf, Maheu est rassuré. Mais en vérité, Simone a de plus en plus de mal à résister au charme de Sartre, ce «merveilleux entraîneur intellectuel»: «Sa pensée de plus en plus m'apparaît comme extraordinairement forte.»[13] Sartre ne s'arrête jamais de penser, son esprit est toujours en mouvement: «Cela ne signifiait pas qu'il sécrétât à tout bout de champ des formules et des théories: il avait en horreur la cuistrerie. (...) Il ignorait les torpeurs, les somnolences, les fuites, les esquives, les trêves, la prudence, le respect. Il s'intéressait à tout et ne prenait jamais rien pour accordé.»[14] Sartre est tout aussi impressionné par Simone qu'elle l'est par lui. Pauvre Maheu! «Sartre est enchanté de vous (...) d'ailleurs qui n'est pas enchanté de vous?»[15]

Malgré le stress du concours, Simone et les petits camarades s'amusent bien. Du moins jusqu'à ce que tombent les résultats: Maheu, contrairement aux autres, échoue à l'écrit. Vexé, il quitte aussitôt Paris. Sartre saute alors sur l'occasion et rassure Simone: il s'occupera d'elle en l'absence de son Lama. Ils ne se quittent plus pendant les deux semaines qui précèdent l'oral, mais Simone ne peut s'empêcher de penser à Maheu. Elle est un peu perdue. Maheu est marié, c'est vrai. Et Sartre est libre, en plus d'avoir beaucoup à offrir. C'est finalement cette discussion animée au jardin du Luxembourg qui finira de la convaincre. Sartre c'est l'intellect, le challenge. Elle décide donc de lui donner une chance. Avec lui, aucun risque de mener cette vie bourgeoise qu'elle refuse par-dessus tout. Sur le papier, il correspond à la description de l'homme idéal tel qu'elle le voyait à quinze ans: «Membre d'une espèce privilégiée, bénéficiant au départ d'une avance considérable, si dans l'absolu un homme ne valait pas plus que moi, je jugerais que, relativement, il valait moins: pour le reconnaître comme mon égal, il fallait qu'il me dépassât. (...) La vie commune devait favoriser et non contrecarrer mon entreprise fondamentale: m'approprier le monde.»[16]

Soixante-seize candidat·es passent l'écrit, vingt-sept sont reçu·es à l'oral, et treize, seulement, obtiennent l'agrégation de philosophie en 1929. Sartre arrive premier, Simone deuxième. Nizan et Merleau-Ponty sont également reçus. En l'obtenant du premier coup,

Simone signe un véritable exploit: à l'époque, les filles doivent souvent s'y reprendre à plusieurs fois en raison du faible niveau d'éducation reçu dans leur jeunesse. Simone termine par ailleurs ses études en un temps record (elle n'a que vingt et un ans!). Enfin libérée du stress, la toute jeune professeure de philosophie part en vacances à La Grillère avec sa famille. Au programme: lecture et promenades... mais c'était sans compter Sartre, qui ne peut attendre la rentrée pour la revoir et loue une chambre sur place. Le 21 août 1929 au matin, Madeleine court trouver sa cousine: un homme est là pour elle. Les jours suivants, Simone prend l'habitude de disparaître après le petit déjeuner pour retrouver Sartre. Ils se promènent en forêt ou dans la campagne et ce qui devait arriver finit par arriver... ils font l'amour pour la première fois. Françoise et Georges ne sont pas aveugles. Quatre jours après l'arrivée de Sartre, alors que Simone et lui travaillent allongés dans un champ, les parents débarquent. Sartre bondit sur ses pieds, Simone explique que pas du tout, ils étaient en train de travailler sur un livre de Marx. Georges l'interrompt et enjoint Sartre de partir. Les rumeurs vont bon train, et la tante de Simone est en pleine recherche d'un mari pour sa fille. Il ne faudrait pas que le comportement de Simone menace cette entreprise en ruinant la réputation de la famille! Mais Sartre refuse de partir, et Georges et Françoise finissent par abandonner, fatigués de toujours lutter. Sartre restera jusqu'au 1er septembre. Simone et lui savourent leur victoire. Rien ne peut plus les arrêter. Sartre la demande alors en mariage (ce n'est pas la première fois qu'il aborde le sujet). Simone pense qu'il s'agit d'une blague: «Il pensait qu'il devait me demander en mariage après la scène avec mon père à La Grillère. Je lui ai dit de ne pas dire de bêtises et j'ai bien sûr refusé»[17], ce que Sartre ne prend pas très bien: «Une fois je fus pris au jeu. Le Castor accepta cette liberté et la garda. C'était en 1929. Je fus assez sot pour m'en affecter: au lieu de comprendre la chance extraordinaire que j'avais, je tombai dans une certaine mélancolie.»[18] Simone est surprise: comment Sartre, qui passe son temps à parler de liberté, peut-il envisager de se marier? Pour elle, le mariage bourgeois est à l'opposé de la notion de liberté, ses parents en sont le parfait exemple. Mais Sartre a plusieurs raisons de vouloir l'épouser. Il veut faire d'elle une femme honorable – leur liaison a entaché la réputation de Simone –, mais surtout, il la veut pour lui seul. Il est tout bonnement amoureux et ce «non merci», il ne l'avait pas vu venir: depuis quand une jeune femme de bonne famille a-t-elle suffisamment d'assurance pour refuser la demande en mariage d'un garçon aisé – il vient de recevoir un petit héritage – à la carrière prometteuse? Ce «non» est un acte radical, le refus clair et définitif d'une vie conforme aux conventions sociales. Sartre espère que Simone changera d'avis, mais elle lui demande de partir. Elle a besoin de réfléchir. Dans sa tête, tout se mélange.

Quelques jours après le départ de Sartre, Simone donne rendez-vous à Maheu. Ils se retrouvent à Uzerche. Entre les deux son cœur balance toujours, même si elle sait que Maheu ne pourra jamais s'engager totalement. Que faire quand la raison dit Sartre mais que le cœur crie Maheu? Elle ne dit rien au Lama de son histoire avec Sartre, il n'a pas besoin de connaître les détails de son été. Mais dans son journal, elle compare le temps passé avec les deux hommes, au milieu des «ô Jacques» qui font leur retour. Situation amoureuse: c'est compliqué.

Le pacte

Lorsqu'elle rentre à Paris à l'automne, Simone n'a toujours pas pris de décision quant à sa vie sentimentale. Mais une bonne nouvelle l'attend: elle a enfin l'opportunité de quitter l'appartement familial et emménage dans l'immeuble de sa grand-mère. Françoise est soulagée, sa fille s'en va mais elle demeurera sous la surveillance de quelqu'un. Ce qu'elle ne sait pas, c'est que la grand-mère de Simone choisit au contraire de respecter la vie privée de sa petite-fille et la traite comme ses autres pensionnaires. À vingt et un ans et pour la première fois de sa vie, Simone dispose de son propre espace, loin de l'œil inquisiteur de sa mère. Trop heureuse de sa nouvelle liberté et souhaitant profiter de Paris, elle choisit de ne pas chercher tout de suite un poste de professeure qui l'enverrait très certainement en province. Elle donne des cours particuliers, enseigne le latin au lycée Victor-Duruy, et s'achète du rouge à lèvres et de la poudre avec son premier salaire. Elle se sent femme désormais.

« Jamais je n'ai connu
tel équilibre, tel bonheur,
ce goût de moi
et du monde qui m'est
donné à travers lui. »[19]

CINQ CHOSES QUE SARTRE ET SIMONE AIMENT FAIRE ENSEMBLE

1. Voyager, pour des vacances comme pour le travail.
2. Boire du whisky (dans l'idéal du scotch).
3. Discuter philosophie, littérature, politique, mais aussi d'eux-mêmes.
4. Écouter des vinyles, le soir, pour se détendre.
5. Travailler dans un café, à des tables séparées, ou chez eux.

Sartre, de son côté, a un emploi du temps un peu plus chargé. Pendant que Simone découvre les joies de l'indépendance, il doit faire face à ses obligations de jeune adulte, *aka* dix-huit mois de service militaire. Mais l'idée de laisser Simone seule à Paris ne lui plaît pas spécialement (surtout qu'elle semble avoir beaucoup de temps libre !). Qu'elle refuse de l'épouser et que lui-même passe son temps à répéter combien la liberté est essentielle n'arrange rien. Comment, alors, s'attacher Simone ? Un pacte ! Un soir d'octobre 1929, sur un banc en pierre près du Louvre – on notera que les moments importants de leur relation ont souvent tendance à se passer en plein air –, Sartre lui propose un « bail de deux ans » : Simone fera en sorte de rester à Paris les deux prochaines années et lui rendra visite le plus souvent possible. Ils postuleront ensuite chacun à l'étranger. Certes, ils ne se verront pas pendant quelque temps, mais ils finiront par se retrouver pour mener une vie plus ou moins commune. Leur amour est un «amour nécessaire», explique Sartre. Ils pourront plus tard avoir des aventures à côté, des «amours contingentes», mais pas pendant cette période de deux ans. Condition *sine qua non*: tout se dire, ne rien se cacher. C'est ambitieux, on le verra plus tard... Leur relation sera, lui dit-il, un «mariage morganatique» – étrange choix de vocabulaire: c'est ainsi que l'on nomme l'union d'un homme et d'une femme de rang inférieur. Et les enfants? Pas besoin d'en discuter longtemps, ni Sartre, ni Simone n'ont envie d'en avoir. Nous sommes le 14 octobre 1929. Deux semaines plus tard, le 3 novembre, Sartre monte dans le train qui le conduit à l'école militaire de Saint-Cyr.

«La séparation qu'envisageait Sartre n'était pas sans m'effrayer; mais elle s'estompait dans les lointains, et je m'étais fait une règle de ne pas m'encombrer de soucis prématurés; dans la mesure où tout de même la peur me traversait, je la tenais pour une faiblesse et je m'efforçais de la réduire; ce qui m'y aidait, c'est que j'avais déjà éprouvé la solidité des paroles de Sartre. Avec lui, un projet n'était pas un bavardage incertain, mais un moment de la réalité.»[20]

Le pacte proposé par Sartre repose sur une confiance mutuelle, et Simone est prête à lui accorder la sienne. Pendant les premières années de leur relation, Sartre jouera plusieurs rôles: amant, mentor, critique, *cheerleader*... Pour lui, cette fameuse soirée près du Louvre a permis de définir leur relation. Mais Simone, elle, a besoin d'un peu plus de temps. Elle pense toujours à Maheu et le revoit lorsqu'il vient à Paris (il enseigne en province), incapable de rompre avec lui. Fidèle au pacte, elle raconte tout à Sartre. Maheu par contre, ne sait rien de Sartre et du «mariage morganatique». Il n'est pas aveugle pour autant et sent bien que son Castor lui cache quelque chose. Blessé, il finira par lui écrire une lettre en janvier 1930 dans laquelle il déclarera mériter mieux que des «miettes»[21] ! Simone est agacée. Après tout il n'est qu'un amant; depuis quand les amants ont-ils des exigences? Mais elle n'arrive pas à rompre définitivement. Et Jacques alors? Rentré à Paris, il s'est fiancé à une amie de son frère (dont la dot est considérable). Il n'est donc plus d'actualité. Le fait qu'il se soit décidé pour une autre a sans doute conforté Simone dans l'idée de se lier ainsi à Sartre.

COMME AU CINÉMA

La relation qui unit Sartre et Beauvoir pourrait donner matière à une série en plusieurs saisons, pourtant, seul un téléfilm s'est emparé du sujet: *Les Amants du Flore*, de Ilan Duran Cohen, sorti en 2006. Malheureusement, on ne peut pas vraiment parler d'une réussite. Le film s'ouvre sur la rencontre de Simone (Anna Mouglalis) et Sartre (Lorànt Deutsch) à la Sorbonne en 1929. Simone étudie sagement à la bibliothèque quand Sartre rejoint ses amis assis à la table d'à côté et leur déclare, théâtral, qu'il ferait bien la cour à cette charmante jeune femme. Elle est le sphinx ambitieux, lui le dragueur invétéré. Les vingt-cinq premières minutes du film retracent rapidement la naissance de leurs sentiments amoureux – embrassades dans le pré, dispute avec les parents, première fois – avant d'arriver au moment (supposé) le plus important: le pacte qui, d'après le film, n'enchante pas Simone. Sartre réussit néanmoins à la faire changer d'avis. Dans le film, il passe son temps à convaincre de choses et d'autres une Beauvoir toujours sceptique. Le film s'arrête au début des années 1950: *Le Deuxième Sexe* vient de paraître et Simone accède enfin à la célébrité. Sartre et elle ont alors connu d'intenses relations amoureuses mais ils doivent se rendre à l'évidence: «Dans notre pacte nous avons oublié un détail de poids: les autres ont des sentiments; ils nous les font payer cher», soupire Sartre. Attention, celle qui en a le plus souffert, c'est surtout Simone, hein: *Les Amants du Flore* la présente comme une femme jalouse, désespérément accrochée à un Sartre qui ne fait que la décevoir. Elle pleure et pleure et pleure pendant que Sartre, lui, demeure impassible. D'après le film, Simone aurait eu l'idée d'écrire sur les inégalités femmes-hommes justement parce qu'elle-même était à bout. Dans les faits pourtant, c'est Sartre qui lui a suggéré ce thème. *Les Amants du Flore* ne colle donc pas vraiment à la réalité, mais ne s'en éloigne pas non plus suffisamment pour transformer ses personnages de façon intéressante. Ceux-ci restent désespérément plats, malgré tous les efforts d'Anna Mouglalis et de Lorànt Deutsch. Le traitement très superficiel de la relation Beauvoir-Sartre n'empêche toutefois pas *Les Amants du Flore* de demeurer un bon divertissement. Les nombreux rebondissements qui l'animent – pour le coup assez proches des drames qui se sont succédés dans la vie du couple – font qu'on ne s'ennuie pas en le regardant, c'est déjà ça...

Les «trios»

Dès le début, le pacte ne fonctionne pas comme prévu. En 1931, de retour de son service militaire, Sartre candidate pour un poste de lecteur au Japon mais on l'envoie enseigner... au Havre. Simone atterrit quant à elle à Marseille. La France entière les sépare désormais. Juste avant de partir, Simone, vingt-trois ans, et Sartre, vingt-sept ans, font une mise à jour: il ne s'agit pas de se promettre fidélité éternelle, mais les «amours contingentes» pourront attendre la fin de la trentaine, d'accord? Sartre propose une dernière fois à Simone de l'épouser – s'ils étaient mariés, ils pourraient postuler dans la même ville – mais rien à faire, c'est toujours non. Simone se fiche du jugement des autres, elle a définitivement coupé les ponts avec son milieu d'origine et rien ne viendra entraver sa liberté. La mort soudaine de

Zaza, le 11 novembre 1929, contribue certainement à cette décision. Simone est sous le choc, c'est la première fois qu'elle vit quelque chose d'aussi douloureux. Mais elle y voit un signe: c'est ensemble qu'elles s'étaient rebellées contre leur milieu d'origine, et maintenant que l'une n'est plus, l'autre se doit d'aller jusqu'au bout. Impossible de revenir en arrière. En février 1931, Simone part pour dix jours dans le Sud et le centre de la France et profite la première des libertés envisagées par le pacte: un ami de Sartre, Pierre Guille, l'accompagne et devient son amant. Vive le pacte et les amours contingentes!

À Marseille, Simone se sent seule. Après tout ce temps passé auprès de Sartre, la voilà livrée à elle-même, divisée entre son besoin d'indépendance et ses sentiments amoureux. Sa vie lui paraît soudain fade: «Depuis que j'avais rencontré Sartre, je me déchargeais sur lui du soin de justifier ma vie.»[22] C'est grâce à la marche, notamment, qu'elle se sent mieux. Ses promenades se transforment peu à peu en véritable obsession. Marcher permet à Simone d'éprouver son corps, de tester ses limites, bref de se sentir bien dans sa peau. Son départ pour Rouen en 1932 la réjouit néanmoins. Rouen, c'est déjà plus proche du Havre, ville dans laquelle Sartre demeurera jusqu'en 1936 – mis à part un voyage d'étude à Berlin en 1933 lors duquel il aura une aventure avec une Française, son allemand étant bien trop mauvais pour lui permettre de séduire une Allemande...

En 1936, après cinq ans d'exil en province, Simone rentre enfin à Paris avec dans ses bagages Olga Kosakiewicz, l'une de ses anciennes élèves. Dans ses mémoires, Simone parle d'Olga comme d'une amie, une jeune femme malheureuse que Sartre et elle avaient à cœur d'aider, oubliant de préciser qu'Olga était aussi son amante. Un «détail» qui est loin d'être anodin. Différence d'âge, différence de statut... Le fait que Simone ait choisi d'entamer une relation avec une ancienne élève, dont elle notait les compositions il y a encore peu de temps, est problématique à plus d'un titre. Certes, Olga n'était déjà plus l'élève de Simone quand elles ont commencé à se fréquenter, mais on reste en droit de se demander comment Simone a pu se sentir autorisée à s'intéresser à elle, puis plus tard à d'autres très jeunes femmes qu'elle avait eues en classe. Autres temps, autres mœurs? Cela ne peut servir d'excuse. Aussi, il est difficile de parler de ces quelques années dans la vie amoureuse de Simone sans ressentir un malaise certain – voire une colère tout à fait légitime.

Simone et Olga se rencontrent à Rouen en 1932. Simone est une jeune professeure de philosophie âgée de vingt-cinq ans qui se maquille, porte de jolis tailleurs, bref, respire le glamour. Sans oublier qu'elle n'est pas mariée, vit à l'hôtel, passe beaucoup de temps seule dans des cafés, et lit en cours du Gide (!) et du Proust (!!) à ses élèves issues de bonnes familles. Elle parle vite et avec assurance. Ses élèves sont très impressionnées par elle et toutes, ou presque, tentent de la voir en dehors du

Das kleinste Übel von allen.

Diogenes

S. 94 Wir erschaffen einen
Wetter mit Wörter

Drucker

lycée mais Simone ne les trouve pas intéressantes. Sauf Olga, dix-sept ans. Pourtant ça partait mal: «Son visage pâle envahi de cheveux blonds me sembla presque apathique, et elle me remettait des devoirs si succincts que j'avais peine à les juger.»[23] Celle qu'on appelle «la petite Russe» – son père est biélorusse – finit par rendre une excellente composition en fin d'année, au plus grand étonnement de Simone. Cette jeune femme mélancolique se révèle donc brillante. Intriguée, Simone l'invite régulièrement à déjeuner. Olga est une rêveuse qui ne sait pas quoi faire de sa vie. Elle obtient son baccalauréat grâce aux encouragements de Simone et commence des études de médecine à l'automne 1934, plus pour faire plaisir à ses parents que par véritable vocation. Simone voit bien qu'Olga n'est pas heureuse et lui propose, en 1935, de partager son quotidien. Elle vivra sur le salaire de Sartre et Simone. Olga accepte et emménage quelques jours plus tard dans le même hôtel rouennais que son ancienne professeure. Sartre est fasciné, lui aussi, par cette «petite Russe». C'est le début du célèbre «trio», comme Simone et Sartre l'appellent eux-mêmes – ou plus exactement du premier. En 1936, Olga suit Simone à Paris. Sartre enseigne encore dans le nord de la France, à Laon cette fois, mais les rejoint aussi souvent que possible. En 1937, enfin! Sartre est muté à Neuilly. À nouveau réuni, le couple Sartre-Beauvoir s'avère irrésistible: «(...) très souvent l'un achève la phrase commencée par l'autre; si on nous pose une question il nous arrive de formuler ensemble des réponses identiques.»[24] Mais le trio – si tant est qu'on puisse qualifier ainsi une relation déséquilibrée entre une très jeune femme et deux intellectuels adultes – a du mal à trouver son équilibre: Sartre et Simone tombent vite dans un rôle de «parents». Les dépenses d'Olga dépendent totalement du couple. Elle leur en est reconnaissante bien sûr, mais se sent souvent prise de haut et réagit alors violemment. Simone voudrait transformer le trio en deux relations distinctes. Sartre, quant à lui, ne rêve que d'ajouter une dimension charnelle à sa relation avec Olga, qui ne l'entend pas de cette oreille. En février 1935, Sartre fait un «bad trip» sous mescaline – il voit des crabes partout –, puis le manuscrit sur lequel il travaille depuis longtemps est refusé. Plus les coups durs s'enchaînent, plus Olga devient une obsession. Mais rien à faire, elle n'est pas un jouet qu'on peut contrôler à sa guise. Le trio glisse lentement mais sûrement vers la catastrophe. Sartre est terriblement jaloux de la relation qui s'est tissée entre les deux femmes, Olga ne veut plus qu'on la manipule, et Simone a du mal à supporter l'obsession de Sartre pour Olga. Problème: personne ne sait comment sortir de cette situation infernale.

En février 1937, Simone reste alitée plusieurs semaines à cause d'une grave infection pulmonaire. Pendant ce temps, Olga tombe sous le charme d'un ancien élève de Sartre, Jacques-Laurent Bost, qu'elle épousera. Sartre, quant à lui, se tourne vers la petite sœur d'Olga, Wanda, qui leur rend visite au printemps. Sartre l'avait déjà rencontrée à Rouen et n'attend pas une minute de plus pour lui faire la cour. Le trio éclate alors pour de

bon, au plus grand soulagement de Simone. Ils n'attendront pourtant pas longtemps avant de renouveler l'expérience. L'année suivante, Simone, qui enseigne désormais au lycée Molière, fait la connaissance de Bianca Bienenfeld, seize ans. Bianca est née en Pologne de parents juifs et a grandi à Paris. Contrairement à Olga, elle est curieuse de tout et déborde de vie. Comme la plupart des autres élèves, elle voue à Simone une admiration sans limites:
«Elle était petite, menue, un peu gauche, pas très bien faite de corps. Sa démarche était rapide, ses gestes parfois brusques. Tout en elle respirait l'énergie (...). Ce qui me fit la plus profonde impression, ce fut la beauté de son visage aux proportions et au modelé parfaits, au profil pur, où affleuraient les pommettes. L'intelligence de son regard d'un bleu lumineux nous frappa dès le début. Seule défaillance: sa voix était cassée, rauque, peu agréable. L'extrême rapidité de son élocution nous gênait beaucoup pour prendre des notes.»[25]

C'est lors de vacances communes à l'été 1938 que l'amitié qui s'est nouée entre Simone et Bianca se transforme en relation amoureuse. Sartre, désormais âgé de trente-trois ans, s'empresse lui aussi de faire connaître ses intentions envers la jeune femme de dix-sept ans (!). Il a plus de succès cette fois: Bianca accepte. Mais peut-on parler d'un consentement libre et éclairé quand on a dix-sept ans et qu'un intellectuel parisien apprécié et reconnu vous propose (avec insistance) d'être son amante? Lorsque la Seconde Guerre mondiale est déclarée, Sartre part accomplir son devoir militaire dans une station météorologique près de Tours. Simone et lui ne se verront que trois fois entre septembre 1939 et mars 1941. Leur correspondance redouble alors d'intensité. Simone l'informe en détails de son quotidien et de ses histoires amoureuses: travail au café, dîner avec Olga, étreinte avec Bianca.

DIRE L'AMOUR

Simone et Sartre ne sont pas, comment dire... un couple traditionnel. Pour autant, comme tous les couples, ils ont développé leur propre langage et utilisent des termes que seul l'autre peut comprendre. Ainsi, on trouve dans les lettres de Simone le terme «*querencia*», souvent utilisé par Hemingway et issu du vocabulaire de la corrida. *Querencia* désigne un lieu où l'on se sent bien, en sécurité, où l'on peut se ressourcer. Autre exemple: lorsque Simone est touchée par quelque chose et qu'elle souhaite en discuter avec Sartre, elle lui parle d'«*Erlebnisse*». Simone et Sartre utilisent ce terme allemand qui signifie «expérience vécue» en lieu et place d'«émotion» ou de «sentiment amoureux». Mais attention, tout ce qui leur arrive ne peut pas être qualifié ainsi, certaines choses sont juste «contingentes». Dans la philosophie existentialiste, la contingence est ce qui relève du hasard, c'est le non-nécessaire qui garantit la liberté de l'être humain. Enfin, lorsqu'ils parlent de leurs autres relations amoureuses, ils «*mettent entre parenthèses*». La parenthèse, dans le couple, c'est renoncer à ne faire qu'un. Simone met donc parfois entre parenthèses sa relation à Sartre – mais doit reconnaître que ce n'est pas si facile.

Sartre et elle réaffirment régulièrement dans leurs lettres la particularité de leur couple. Ils s'amusent ainsi de la durée de leur relation et des dangers de la routine en se comparant à des «chemins battus»: «Je suis encore avec vous comme avant-hier soir quand vous embrassiez ma vieille joue de vieux chemin battu et que je vous serrais tout fort»[26], écrit Simone à Sartre qui lui répond alors: «Mon petit, oui, j'aimerais bien fort embrasser vos vieilles joues de chemin battu, qui me plaisent mieux que tout au monde.»[27]

Jamais ils ne se tutoieront, Simone n'aime pas ça. Sartre trouve cette habitude amusante. Parmi toutes les femmes avec qui il entretiendra une relation, il n'y a que son Castor qu'il ne tutoiera pas.

Drama, baby!

Sartre et Simone ont constitué autour d'eux une «petite famille», c'est comme ça qu'ils appellent leur cercle d'amis proches. Une famille qui devient au fil du temps un véritable imbroglio de relations complexes. Seuls les «parents», Simone et Sartre, ont une vision claire de l'ensemble, laissant souvent les autres dans le flou.

En 1938, Simone a une aventure avec son «petit Bost» (Jacques-Laurent Bost), alors soldat et, rappelons-le, en couple avec Olga, pendant que Sartre couche avec Bianca, ce que Wanda, la sœur d'Olga, ne doit surtout pas savoir *et cœtera et cœtera*. Les journées de Simone sont planifiées au millimètre près. Si elle consacre du temps à une personne, c'est qu'elle l'apprécie. Malgré le stress, les cachotteries et les exigences des membres de la petite famille, Simone et Sartre, semblent s'amuser.

Leurs lettres racontent en détails qui ils ont vu dernièrement et à quelle occasion, si Bianca a de nouveau été jalouse, si Olga et Bost se sont disputés, etc. Discuter de leurs protégés compense le manque de l'autre – et le manque de sexe. Au lit, Sartre n'est pas un très bon coup. Il préfère la séduction à l'acte sexuel luimême. Simone, par contre, est une femme sensuelle, sexuelle, et Sartre ne sait pas la satisfaire (ils arrêteront de coucher ensemble une dizaine d'années après s'être mis en couple). Ces échanges détaillés (*too much information!*) autour de leurs «amours contingentes» sont donc une autre façon d'être intimes. Le couple a juré de tout se dire, même si c'est de plus en plus dur pour Simone, entre ses sentiments pour Bost, qui prennent plus de place que ce qu'elle avait imaginé, et ses relations sexuelles (dans certains cas plus que contestables) avec des femmes qui la satisfont plus que Sartre. Simone finit par se lasser de Bianca. Elle sort désormais avec une autre de ses anciennes élèves,

Nathalie Sorokine, une jeune femme d'origine russe. Simone a-t-elle jamais eu des remords à ce sujet ? S'est-elle jamais interrogée sur son attirance pour un certain type de jeunes femmes et sur la nature de leurs relations ? Ses lettres n'en font pas état.

En février 1940, il est décidé que Sartre, toujours en poste à la station météorologique, écrira à Bianca pour rompre avec elle. D'habitude c'est Simone qui se charge des mauvaises nouvelles (Sartre a trop peur du conflit). Bianca est dévastée, Simone la console. Il faut dire que le couple manque souvent d'empathie. S'ils vous trouvent de l'intérêt, ils se montrent adorables, mais quand ils finissent par se lasser, ça peut faire mal. Bianca Bienenfeld – devenue Bianca Lamblin – publiera en 1993 *Mémoires d'une jeune fille dérangée* pour décrire, non sans colère, cette relation particulière qui l'a liée un temps au couple Sartre-Beauvoir. « Nous étions tous comme des serpents, hypnotisés. Nous faisions ce qu'ils voulaient parce que cela nous excitait qu'ils s'intéressent à nous, nous nous sentions privilégiés qu'ils nous accordent leur attention », racontera de son côté Olga Kosakiewicz[28].

Plusieurs années après son expérience des « trios », Simone finira (quand même !) par se montrer assez critique envers leur comportement de l'époque :
« (...) Les tiers, tant dans la vie de Sartre que dans la mienne, connaissaient dès le début l'existence d'une relation écrasant celle qu'on avait avec eux. Ce n'était

souvent pas très agréable pour eux. Effectivement, ils ont parfois été lésés. Notre relation n'est donc pas, elle non plus, au-dessus de toute critique, puisqu'elle nous a parfois amenés à nous conduire pas très correctement envers les gens.»[29]

Un amour transatlantique

Même si Sartre envisage un moment d'épouser Wanda, ce n'est pas elle qui remettra pour la première fois en question le pacte scellé plusieurs années auparavant. Dolorès Vanetti, une Française résidant aux États-Unis, fera douter Sartre, tandis que l'Américain Nelson Algren tentera de convaincre Simone de se marier. Sartre rencontre Dolorès à New York, en 1945, lors d'un séjour en compagnie de journalistes français. Dolorès est mariée à un riche médecin américain et travaille à la radio. Cette fois-ci, Sartre ne dit rien à Simone – qui n'est pas aveugle pour autant. Il est amoureux. Mais si son petit harem parisien connaît les règles du pacte et les accepte, ce n'est pas le cas de Dolorès. Elle veut Sartre pour elle toute seule. Leur histoire, ponctuée de ruptures – elle veut se marier, il hésite – durera plusieurs années. Simone finit même par la rencontrer mais, surprise !, toutes deux ne se supportent pas. Dolorès est jalouse et Simone terriblement inquiète pour l'avenir de sa relation avec Sartre, dont le statut semble soudain fragilisé: «Je n'avais plus l'optimisme chevillé au cœur: tout pouvait m'arriver. Dans une union qui dure depuis plus de quinze ans, quelle part revient à l'habitude? Quelles concessions implique-t-elle? Je savais ma réponse: pas celle de Sartre.»[30]

Sartre commence à être connu, en France comme à l'étranger: on admire ce jeune homme désigné comme le représentant de la pensée existentialiste. Simone aussi est publiée depuis quelques années – elle a écrit trois romans et plusieurs essais philosophiques, mais rien à faire, on continue de la réduire à son statut de compagne de Sartre, de disciple, de muse, elle est «la grande Sartreuse» (!). Cela lui pèse, mais elle n'en montre rien.

Au début de l'année 1947, Simone se rend à son tour aux États-Unis. Elle doit intervenir dans plusieurs conférences sur l'existentialisme. À Chicago, elle fait la connaissance de l'écrivain Nelson Algren. Une amie new-yorkaise lui a donné son numéro accompagné des précisions suivantes: Algren est un peu... spécial, mais il pourra lui faire visiter Chicago. Simone l'appelle depuis son hôtel mais son accent français est tel qu'il ne comprend rien de ce qu'elle dit et raccroche. Elle réessaie, il raccroche à nouveau, et cela encore et encore jusqu'à ce que Simone demande à la téléphoniste de l'hôtel de l'appeler pour elle. Ouf, ça fonctionne! Il la retrouve le soir même. Elle sera la femme avec un livre en main. À peine l'a-t-il rejointe qu'elle lui fait part de son envie de voir le «vrai» Chicago. Il l'emmène alors dans un club de striptease, puis dans un bar fréquenté par une faune que l'on qualifiera d'étrange, et enfin dans un autre bar, plus douteux encore. Simone est enchantée, et surtout, elle enchante Algren qui pensait rencontrer une femme coincée, arrogante et ennuyeuse... «Elle parlait d'un ton volubile, intense, passionné, catégorique. Je ne comprenais pas un mot de ce qu'elle disait. Plus tard, elle m'affirma qu'elle non plus n'avait rien compris de ce que je lui disais. Elle me fit l'impression d'une institutrice française. Je n'avais jamais entendu son nom avant et je ne m'en souvenais plus très bien (...).»[31]

Simone passe en tout trente-six heures à Chicago dont la majorité avec Algren. Ils sont très différents l'un de l'autre et la langue est clairement un problème, mais l'attirance est là. Dans un article du *Spiegel* paru en 1997, Algren est décrit comme «le macho par excellence. Pour le lire, il faut savoir encaisser, prévenait Hemingway, car il "boxe des deux poings et possède un bon jeu de jambes".»[32] Lorsqu'il rencontre Simone, Algren a trente-huit ans, soit un an de moins qu'elle. Il a déjà publié deux romans et est en train de terminer celui qui le fera connaître: *L'Homme au bras d'or*.

NELSON ALGREN (1909-1981) ÉCRIVAIN & CROCODILE CHÉRI

La célébrité ne fait pas tout, Nelson Algren en est un très bon exemple. Malgré son succès auprès de la critique et l'adaptation cinématographique de deux de ses romans, Algren meurt en 1981 pauvre et amer, sans jamais avoir réussi à être heureux. Né à Détroit dans une famille juive germano-suédoise, il étudie le journalisme puis décide de parcourir le pays. Il enchaîne les petits boulots en attendant de rencontrer un succès qui, malheureusement, met du temps à venir: le fameux «rêve américain» se refuse à lui. Déçu et frustré, Algren atterrit à Chicago où il se lie d'amitié avec un groupe de marginaux en qui il se reconnaît. Il est fasciné par la vie menée par les prostitué·es, les sans-abri ou encore les habitant·es des quartiers pauvres de la ville. En 1935 paraît son premier roman, *Un fils de l'Amérique* mais le succès n'est pas au rendez-vous. Nelson n'a ni argent, ni travail et se sent si mal qu'il tente de mettre fin à ses jours. Il décide finalement de se consacrer entièrement à l'écriture et quitte sa femme, Amanda, en 1939. Quand il n'écrit pas, il joue aux cartes dans les arrière-salles d'établissements louches, discute avec des marginaux ou fréquente le dispensaire psychiatrique du quartier. Lorsque Simone fait sa connaissance en 1947, il s'est enfin fait un nom comme écrivain. Le *New York Times* a adoré *Le matin se fait attendre*, paru en 1942, tout comme le recueil de nouvelles *Le Désert du néon* (1947). Ses textes montrent que la valeur d'un être humain ne dépend ni de sa fortune ni de sa place dans la société. En 1949, *L'Homme au bras d'or* est adapté au cinéma avec Frank Sinatra dans le premier rôle. Pour autant, Algren ne fera pas carrière comme scénariste. Les positions politiques de ce fervent communiste ne jouent pas en sa faveur à l'ère maccarthiste. En 1950, il enfile un costume pour la première fois de sa vie et reçoit le tout nouvellement créé *National Book Award* des mains d'Eleanor Roosevelt. Les années qui suivent seront malheureusement entachées de déceptions. Il continue d'écrire et de publier mais ne rencontre plus autant de succès. Étant du genre à défendre coûte que coûte ses opinions, Nelson a du mal à se faire des ami·es, ce qui ne l'aide pas à maintenir sa carrière à flots. Toute sa vie, Nelson demeurera un loup solitaire à forte tendance dépressive. Simone aura néanmoins la chance de connaître une autre facette de sa personnalité: son «crocodile» à elle est drôle, affectueux et vulnérable. Un gros dur au cœur tendre quoi!

C'est dans le froid polaire de Chicago, en plein mois de février, que débute leur histoire. Elle, l'intellectuelle française, lui, le fils d'ouvrier américain. La magie durera plus de trois ans et leur amitié près de deux décennies. D'ailleurs, Simone portera toute sa vie une bague en argent qu'il lui a offerte. Malgré la distance, ils se voient aussi souvent que possible: Simone se rend plusieurs fois aux États-Unis, ils programment des vacances ensemble en Amérique du Sud, Algren vient à Paris... Il est à ses côtés quand, en 1949, Simone accède à la célébrité avec la parution du *Deuxième Sexe*. Il rencontre même la petite famille qui adooooore l'*american boy*. Quand ils ne se voient pas, ils s'écrivent. Leurs lettres se comptent par centaines. Simone est sa «grenouille», Algren son «crocodile». Dans cette relation, Simone a un rôle plus classique, elle n'est plus la compagne intellectuelle, elle est une femme désirante et désirée. D'ailleurs, Algren est le premier homme capable de la satisfaire sexuellement. Alors quand elle rentre de son premier voyage en Amérique, rayonnante de bonheur et d'amour, impossible pour Sartre de rester de marbre. Hein? Dolorès? Qui est-ce déjà?

Tout comme Dolorès Vanetti, Algren ne se satisfait pas de la situation. Il veut épouser sa «grenouille». Mais pour Simone, la question ne se pose pas une seconde. Sa relation avec Sartre aura toujours la priorité, même si elle a bien conscience que la situation n'est pas idéale: «Est-ce juste de donner une part de soi, sans être prête à tout donner? Puis-je l'aimer et lui dire que je l'aime sans avoir l'intention de lui donner toute ma vie s'il la demande?»[33] Elle tente de convaincre Algren de faire comme elle: si seulement il avait une maîtresse! Lui ne comprend pas ce qui lie à ce point Simone à Sartre et à Paris, ce qui n'a finalement rien d'étonnant: de ce que lui en a dit Simone, Sartre est juste un bon ami avec lequel elle a pris l'habitude de travailler. Longtemps, il ne saura rien du pacte. Lorsqu'il découvre les véritables «engagements» de Simone, sa réaction ne se fait pas attendre. Il rompt avec elle à l'été 1950, pendant des vacances au lac Michigan, puis renoue avec son ex-femme. Simone est désespérée: «Je garde les yeux secs jusqu'à présent, aussi secs que le poisson fumé, mais mon cœur est une sorte de crème sale et molle à l'intérieur.»[34] Les secrets

«Si vous voulez savoir exactement à quel point je vous aime, faites le calcul du nombre de signes utilisés par moi: combien de a, combien de b, etc. Prenez ce chiffre, multipliez-le par 10 345 et vous obtiendrez approximativement le nombre de baisers que j'aimerais vous donner pendant ma vie.»[35]

de Simone, leurs attentes, trop différentes, et les problèmes personnels d'Algren – il n'arrive plus à écrire et boit de plus en plus – mettront un point final à leur relation en 1951.

Hello & Goodbye

Simone a maintenant plus de quarante ans et elle se sent vieille. Ridicule! En 1952, peu de temps après sa rupture avec Algren, elle trouve un nouvel admirateur en la personne de Claude Lanzmann. Ils font connaissance lors d'une conférence de rédaction des *Temps Modernes*, le journal fondé par Sartre. Lanzmann est un jeune journaliste engagé de vingt-six ans, grand, brun, séduisant... et fou de Simone:

«Après une fête rue de la Bûcherie [où habitait Simone de Beauvoir, note de l'autrice], qui célébrait un départ pour le Brésil de Cau [la secrétaire de Sartre, note de l'autrice] et de Jacques-Laurent Bost, j'avais eu au matin le courage ou l'audace d'appeler Simone de Beauvoir pour l'inviter le soir au cinéma. (...) Sérieuse, apparemment pas disposée à perdre son temps, elle me demanda: "Pour voir quel film?" Je répondis: "N'importe lequel", ce qui était une façon de lui signifier que le cinématographe n'était pas du tout le but de ma requête. Elle m'entendit.»[36]

Simone raccroche et laisse éclater sa joie: elle n'est donc pas encore à mettre au placard! Lanzmann emménage assez rapidement chez elle. Il est le premier et le seul homme avec qui elle habitera, Sartre et Simone n'ayant jamais eu l'intention de vivre ensemble – Simone, fée du logis ? Lol.

CLAUDE LANZMANN (1925-2018) AUTEUR, RÉALISATEUR & CURE DE JOUVENCE

Claude Lanzmann est un homme de conviction. À dix-huit ans à peine, ce jeune communiste s'engage dans la Résistance à Clermont-Ferrand. Après la guerre, sa famille emménage à Paris – ses parents ont divorcé entre temps. Claude étudie la philosophie à la Sorbonne et, comme Simone, choisit Leibniz pour son mémoire de fin d'études. Il travaille un temps à Tübingen, puis à Berlin, avant de revenir en France où il devient journaliste indépendant et écrit, entre autres, pour *France Dimanche, France-Soir* et *Le Monde*. Sartre, impressionné par l'un de ses reportages, l'invite à une conférence de rédaction des *Temps Modernes*. La suite on la connaît : c'est là qu'il y rencontre Simone. Leur premier rendez-vous a lieu en juillet 1952. Ils n'iront jamais au cinéma et passeront la soirée à regarder Notre-Dame depuis la chambre de Simone. Claude est fasciné par cette femme : « J'ai aimé aussitôt le voile de sa voix, ses yeux bleus, la pureté de son visage et plus encore celle de ses narines. »[37] Simone ne peut croire que ce jeune homme s'intéresse à elle. Pourtant leur relation durera de 1952 à 1958, six années pendant lesquelles ils vivront et voyageront ensemble, jusqu'à ce que Claude tombe amoureux d'une autre. Leur amour se transforme alors en amitié, et ils resteront proches jusqu'à la mort de Simone en 1986 – Claude, qui s'entend par ailleurs très bien avec Sartre, reprendra même *Les Temps Modernes*. S'intéressant beaucoup à Israël et au conflit israélo-palestinien, il se rend sur place à de nombreuses reprises et commence à travailler en 1977 sur le film documentaire *Shoah*, projet monumental qu'il mènera à son terme après douze années de recherches et autant de temps passé à interviewer aussi bien les victimes que les bourreaux de la Seconde Guerre mondiale. Dans ce film de neuf heures, Claude raconte la Shoah sans aucun matériel d'archive, passant parfois devant la caméra: «Je ne voulais pas qu'on me parle de sentiments, je voulais comprendre, dans le moindre détail, comment tout cela avait eu lieu. Je voulais qu'on me décrive les faits objectivement, précisément, brutalement. J'exigeais de la précision, concernant les lieux, concernant le temps.»[38] Lui qui restera jusqu'à sa mort, en juillet 2018, l'un des intellectuels français les plus importants disait, au sujet de Simone: «Elle m'a appris à voyager. Elle m'a appris à voir. Elle m'a appris à penser.»[39]

En 1953, Algren épouse une deuxième fois son ex-femme (dont il divorcera à nouveau deux ans plus tard). Restés amis, Simone et lui continuent d'échanger des lettres. Tout se passe bien jusqu'en 1956, année où est

publiée la traduction anglaise des *Mandarins* qui traite, entre autres, d'une relation amoureuse entre une Française et un certain Américain. Blessé et furieux, Algren s'empresse de dénigrer Simone dans les médias. En juillet 1956, elle tente de s'expliquer:
«En fait, l'histoire d'amour des *Mandarins* diffère énormément de la réalité de notre histoire, dont j'ai seulement essayé de communiquer un écho. Personne n'a compris que lorsque l'homme et la femme se quittent irrémédiablement ils s'aiment encore d'un amour qui ne mourra peut-être jamais. Tout simplement ça ne pouvait plus continuer. Quand j'y songe à tête reposée, je prends à nouveau conscience qu'en aucun cas je n'aurais pu vivre aux États-Unis, ni vous, je crois, de façon prolongée à Paris, et la solution des allées et venues ne pouvait pas non plus nous satisfaire. Oui, je peux vous l'assurer, tout à fait entre nous, pour moi aussi ce fut dur.»[40]
En 1960, Algren se rend une nouvelle fois à Paris. Simone est alors célibataire. Lanzmann l'a quittée pour une autre en 1958, sans pour autant cesser d'être son ami. Simone et Algren partent quelques mois en voyage et se retrouvent rapidement dans le même lit.[41] Vont-ils remettre le couvert ? C'était sans compter sur la sortie en 1963 de la traduction anglaise de *La Force des choses*. On retrouve, dans cette partie des mémoires de Simone, de nouveaux éléments relatifs à leur relation. Cette fois-ci, Algren n'est pas prêt à lui pardonner. Leur bel amour transatlantique prend l'eau et sombre dans l'amertume et la rancœur. Mais Simone ne regrette rien. Comme

elle l'écrivait avant cette ultime dispute: «Je ne regrette pas que [cet amour] ait existé. Il nous a apporté beaucoup plus qu'il ne nous a déchirés.»[42]

Sartre, de son côté, mène toujours de front plusieurs histoires avec des femmes qu'il entretient – Wanda notamment, mais aussi Arlette Elkaïm, dix-neuf ans. Cette étudiante d'origine algérienne n'est pas très débrouillarde et a besoin qu'on s'occupe d'elle. En cela, elle ne diffère pas des autres. Pourtant, Sartre décide de l'adopter en 1965, neuf ans après leur rencontre, faisant ainsi d'Arlette, vingt-huit ans, sa fille. Un vent de panique souffle sur son entourage féminin. Quid de l'argent que Sartre leur versait jusqu'alors? La colère de Simone est ailleurs. Faire d'Arlette sa fille, c'est la charger de sa succession. Or, après avoir passé trente-six ans aux côtés de Sartre, après avoir donné à leur relation la priorité toutes ces années durant, après avoir relu, corrigé son travail, rédigé une partie de ses essais et soutenu ses desseins politiques, elle pensait que ce rôle lui reviendrait le moment venu!

Simone trouve du réconfort auprès de Sylvie Le Bon, sa plus proche amie. Les deux femmes se rencontrent en 1960 après que Sylvie, jeune rennaise de dix-neuf ans, fan absolue de Simone, lui a écrit une lettre. Comme son idole, elle rêve d'étudier la philosophie et de passer l'agrégation. Simone l'invite à prendre un café, elles ne se quitteront plus. Et dire qu'elle pensait qu'après son histoire avec Lanzmann, plus rien d'intéressant ne lui arriverait ! Elle a toujours eu du mal à se faire des amies, mais avec Sylvie c'est différent. Simone a enfin trouvé quelqu'un qui partage ses centres d'intérêts et avec qui elle peut échanger comme avec Sartre ou Zaza autrefois. Elles se téléphonent tous les jours. Sylvie dort chez Simone les jeudis et samedis, Simone chez Sylvie les lundis. Le dimanche, elles passent la journée ensemble. Lorsqu'en 1963, Simone sombre dans la dépression après le décès de sa mère, c'est Sylvie qui l'aide à remonter la pente. Sartre apprécie Sylvie et n'a rien contre le fait qu'elle passe une partie des vacances d'été avec eux. Sylvie et Arlette, par contre, ne s'entendent pas: Arlette est calme, introvertie et complètement dépendante de Sartre (elle ne travaille pas) tandis que Sylvie est bavarde, enjouée, et indépendante financièrement. Après la mort de Sartre en 1980, Simone adopte Sylvie et fait d'elle son exécutrice testamentaire. Les raisons de cette adoption ne sont pas uniquement administratives, mais elles n'ont rien à voir non plus avec un quelconque désir d'avoir une fille – Simone n'a jamais ressenti le besoin d'être mère. Cette adoption est liée aux problèmes de santé de Simone et vient surtout traduire les liens étroits qui unissent les deux femmes. Étroits... étroits? On spéculera à ce sujet dès la première apparition publique de Sylvie aux côtés de Simone en 1972, mais toutes deux ont toujours réfuté l'idée d'une liaison d'ordre sexuel. C'est d'un amour platonique dont il s'agit. Sylvie Le Bon l'explique ainsi:

« Vous allez me juger vaniteuse mais le Castor me disait souvent: "Ma relation avec vous est presque aussi importante que celle que j'ai avec Sartre. Je n'aurais pas pu avoir une telle relation avec un autre homme parce que j'ai Sartre. Mais j'ai toujours désiré l'avoir avec une femme, et depuis Zaza je ne l'ai trouvée qu'avec vous". »[43]

La consommation excessive d'alcool et de médicaments – il mélange stimulants et calmants – finit par compromettre la santé de Sartre. Si l'adoption d'Arlette a eu un impact sur sa relation avec Simone, la « femme morganatique », celle-ci ne le laisse pas tomber pour autant. Jusqu'à la fin, elle sera là pour veiller sur lui et garder un œil sur celles qui l'entourent. Après avoir vu ses problèmes de santé s'aggraver dès 1971, Sartre entre finalement à l'hôpital en mars 1980. C'est là qu'il meurt le 15 avril suivant. Simone se noie alors dans le whisky et le valium. Elle supporte tant bien que mal l'enterrement mais passe ensuite près d'un mois à l'hôpital, souffrant d'une infection des poumons et d'une cirrhose liée à l'abus d'alcool et de médicaments. Malheureusement, la loi n'autorise pas les médecins à parler de son état de santé à Sylvie sans l'accord d'un membre de la famille – une autre des raisons qui conduiront à son adoption.

La fin d'un mythe

À la mort de Sartre, Arlette fait en sorte que Simone ne reçoive presque rien de ses effets personnels. Sylvie est furieuse, Simone désespérée. Légalement elles ne peuvent rien faire, mais Simone se venge à sa manière. Elle publie *La Cérémonie des adieux* en 1981, un récit intime et détaillé des dernières années de Sartre, puis les *Lettres au Castor et à quelques autres* en 1983. Simone espère que celles et ceux qui liront ces lettres verront à quel point elle a compté pour lui – qu'importe les liaisons qu'il a eues avec d'autres. Ses dernières années, Simone les passe principalement avec Sylvie. Elle meurt le 14 avril 1986 des suites d'une appendicite. Elle est enterrée au cimetière Montparnasse, juste à côté de Sartre, avec à son doigt la bague en argent qu'Algren lui a offerte autrefois.

En 1990, Sylvie publie les *Lettres à Sartre*. Mais, mais... où sont les échanges intellectuels et philosophiques qu'on pensait y trouver? Ces lettres font essentiellement état de leur quotidien et rapportent divers ragots et détails de leurs relations sexuelles avec d'autres. Les relations homosexuelles de Simone, qu'elle a toujours niées, y sont révélées au grand jour. À noter que douze ans plus tôt, Simone avait déjà commencé à évoquer sa vie sexuelle non conventionnelle lors d'un entretien avec Alice Schwarzer:
«Je ferai un bilan très franc de ma sexualité. Mais alors, vraiment sincère, et cela d'un point de vue féministe. Aujourd'hui j'aimerais dire aux femmes comment j'ai vécu ma sexualité, parce que ce n'est pas une question individuelle, mais politique.»[44]

Pour beaucoup, ces lettres viennent fissurer l'image du couple parfait formé par Simone et Sartre. Le mythe construit autour de cet «amour nécessaire» entre deux partenaires égaux s'effondre. Que faut-il alors en retenir? Que Sartre a annoncé la couleur dès le début en proposant ce pacte et que la gentille Simone a suivi sans broncher? C'est plus compliqué, comme toujours. Durant ce demi-siècle passé ensemble, le rapport de force a évolué en faveur de l'un, puis en faveur de l'autre. Tous deux sont tombés amoureux d'autres personnes qui ont menacé, chacune à leur manière, le fameux pacte – un peu moins sacré pour Sartre que pour Simone, il faut le reconnaître. Simone a souvent joué le rôle de mère-poule, tentant de canaliser Sartre qui avait tendance à en faire des tonnes – à tout point de vue –, et de le protéger de toutes les demandes d'argent et propositions diverses qu'on lui faisait en permanence. Sa position privilégiée lui a assuré un certain respect de la part des femmes qui gravitaient autour de Sartre, mais a également fait naître beaucoup de jalousie. Le pacte a offert à Simone une liberté dont peu de jeunes femmes pouvaient profiter dans les années vingt, trente et quarante. Sartre l'a toujours considérée comme son égale, les amourettes et crises de jalousie n'y auront rien changé. Elle a influencé son travail autant qu'il a influencé le sien, elle était sa «lectrice privilégiée»[45]. Pendant toutes les années qu'a duré leur relation, Simone et Sartre n'ont jamais cessé de discuter. Ensemble, ils ont préféré la liberté aux conventions sociales. Ce pacte qui les a unis était un pacte libertaire, un pacte qui aura tenu cinquante et un ans.

COMPTE COMMUN

Ils ne se sont pas mariés, mais toute leur vie, Simone et Sartre ont fait caisse commune. Celui ou celle qui gagnait le plus aidait l'autre et vice versa. Ainsi, pendant les premières années de leur relation, Sartre, qui vient de recevoir un petit héritage, finance quelques-uns de leurs voyages et aide Simone lorsqu'elle perd son emploi de professeure en 1943. Plus tard, lorsque ses livres lui rapportent enfin assez d'argent, Simone contribue à son tour au compte commun. Malgré tout, on reproche souvent à Simone d'avoir vécu aux dépens de Sartre alors qu'elle était la première à recommander aux femmes d'être indépendante financièrement. Il faut comprendre que dans les faits, Simone et Sartre voyaient leurs revenus comme une somme globale à se partager – et oui, c'est vrai, parfois l'un y contribuait plus que l'autre, mais cela faisait bel et bien partie du modèle de relation qu'ils avaient conçu.

Ce n'est pas Sartre qui a transformé cette petite fille issue de la bourgeoisie en libre penseuse. Ce chemin, Simone l'avait pris bien avant de conclure le pacte. Rappelons que c'est elle qui a refusé de l'épouser, et elle encore qui a fait en premier usage des libertés négociées. La révolutionnaire, c'est elle. Si l'on parle aujourd'hui de «relations libres» et de «polyamour», c'est un peu grâce à eux! Simone et Sartre ont vécu leur amour comme

«Il m'a aidée,
je l'ai aidé aussi.
Je n'ai pas vécu
à travers lui.»[46]

un engagement pour la vie, basé sur autre chose que le sexe et le désir. Cela ne les a pas empêché de faire des erreurs, et leur «mariage morganatique» a fait beaucoup souffrir autour d'eux, en particulier les jeunes femmes qui ont fait partie des «trios». Simone et Sartre souhaitaient vivre une sexualité libre, autodéterminée, et lutter ainsi contre la morale sexuelle dominante. Mais Olga, Bianca ou encore Nathalie étaient-elles susceptibles, compte tenu de leur âge et de leur position, de vivre une sexualité tout aussi libre et autodéterminée, de revendiquer leurs droits, voire tout simplement de dire non? Lorsqu'il s'agit de faire évoluer les mœurs et de lutter contre les carcans sociaux, oser et échouer vaut mieux que ne jamais essayer... à condition de ne pas perdre de vue les conséquences sur autrui de ses actions! On ne saurait tout justifier au nom de la liberté. Le bilan du célèbre pacte est donc pour le moins ambivalent.

LES DIX PLUS BELLES DÉCLARATIONS DE SIMONE À SARTRE

1. «À demain, mon petit, mon amour, mon cher passé et mon bel avenir tant attendu.»
2. «Je vous aime, mon cher bonheur, et mon beau petit absolu.»
3. «Me sentez-vous aussi proche que je vous sens, vous autre moi?»
4. «Comme je vous aime. Comme vous me manquez.»
5. «Je savais bien que je vous aimais, mais je vous aime encore plus que je ne le savais.»
6. «Je suis de loin comme de près tout à vous.»
7. «Je suis toute effondrée de tendresse pour vous.»
8. «Je vous aime avec quelque tragique et tout éperdument.»
9. «Si j'oubliais de me tuer de passion à votre mort, je finirais par me dessécher tout doucement d'ennui et on m'enterrerait de même – revenez-moi.»
10. «Quand je vous reverrai il me semble que j'en perdrai le souffle.»

*«Il y avait tout à faire;
tout ce qu'autrefois
j'avais souhaité faire:
combattre l'erreur,
trouver la vérité, la dire,
éclairer le monde,
peut-être même aider
à le changer.»*[1]

PENSER

CHRONOLOGIE

1926 Début des études de philosophie à la Sorbonne

1929 Agrégation

1944 Publication de *Pyrrhus et Cinéas*

1946 Conférence de Sartre *L'existentialisme est un humanisme*

1947 Publication de *Pour une morale de l'ambiguïté* et conférences de Simone aux États-Unis sur la littérature et l'existentialisme

1949 Publication du *Deuxième Sexe*

1955 Publication de *Privilèges*

Café de Flore, 1943. *L'Être et le Néant* n'est pas encore sorti mais on qualifie déjà la pensée sartrienne d'«existentialiste». «Et vous, madame, êtes-vous existentialiste?». La question de Jean Grenier est simple, pourtant elle plonge Simone dans l'embarras. «J'avais lu Kierkegaard; à propos de Heidegger on parlait depuis longtemps de philosophie "existentielle", mais j'ignorais le sens du mot "existentialiste" que venait de lancer Gabriel Marcel.»[2] Un terme dont Sartre ne veut d'ailleurs pas entendre parler: «Existentialisme»? depuis quand suffit-il d'un «-isme» pour fonder une nouvelle philosophie? Au fond, tout ça n'est qu'une histoire d'étiquettes. Le travail de Simone est depuis longtemps empreint d'idées dites existentialistes. La question de Grenier l'oblige à prendre du recul. À force de discuter avec Sartre et de relire ses manuscrits, Simone a intériorisé ses idées. Convaincue de leur bien-fondé, elle est forcée de se rendre à l'évidence: oui, elle est existentialiste:
«S'il m'a paru si naturel de me rallier à la pensée de Kierkegaard, à celle de Sartre, et de devenir "existentialiste", c'est que toute mon histoire m'y préparait; (...) déjà, à dix-neuf ans, j'étais persuadée qu'il appartient à l'homme, à lui seul, de donner un sens à sa vie, et qu'il y suffit.»[3]

Apprendre à penser

Simone s'intéresse à la philosophie dès l'adolescence: «Je retrouvais, traités par des messieurs sérieux, dans des livres, les problèmes qui avaient intrigué mon enfance; soudain le monde des adultes n'allait plus de soi, il avait un envers, des dessous, le doute s'y mettait: si on poussait plus avant, qu'en resterait-il ?»[4]
Consistant avant tout à remettre en question ce qui est «naturel», ce qui va de soi, la philosophie permet à la jeune Simone – de plus en plus critique vis-à-vis de son milieu – d'observer son environnement d'un autre œil. Ce qu'elle aime dans la philosophie, c'est qu'elle s'intéresse à l'essence des choses: «J'avais toujours souhaité connaître *tout*; la philosophie me permettrait d'assouvir ce désir (...)»[5]. Tombant sur un article consacré à Léontine Zanta, Simone découvre qu'on peut être femme ET philosophe. Première femme française à obtenir un doctorat de philosophie, Zanta est une véritable pionnière. Rêvant de suivre ses pas, Simone entame des études de philosophie en 1926 mais elle doit vite se rendre à l'évidence: elle a beau être une élève brillante, elle n'est pas au niveau. Le Cours Desir ne lui a pas donné les bases suffisantes. Toujours prête à relever de nouveaux défis, Simone se lance alors sans attendre dans la lecture de Descartes et Spinoza. Son esprit d'analyse lui permet de rattraper son retard et elle enchaîne avec Bergson, Platon, Schopenhauer, Leibniz et Hamelin. Sa préférence va peut-être à Nietzsche qui, comme elle, se révèle très critique à

l'égard de la religion, se mettant en quête d'une morale non chrétienne: si ce n'est pas Dieu qui légitime mes actions, alors qui?

Lorsqu'elle n'est pas plongée dans ses livres, Simone observe de loin une autre étudiante en philosophie de la Sorbonne: Simone Weil, élève du très apprécié Alain (de son vrai nom Émile-Auguste Chartier). Elle admire son talent et, plus encore, son intérêt pour autrui: «Une grande famine venait de dévaster la Chine, et on m'avait raconté qu'en apprenant cette nouvelle, elle avait sangloté: ces larmes forcèrent mon respect plus encore que ses dons philosophiques.[6]»
Le jour où Simone ose l'aborder, Weil lui explique «d'un ton tranchant qu'une seule chose [compte] aujourd'hui sur terre: la Révolution qui [donnera] à manger à tout le monde.»[7] Simone lui répond – assez naïvement, il faut le reconnaître – que l'important n'est pas de faire le bonheur des gens mais de trouver un sens à leur existence. La réaction de Weil est sans appel: «On voit bien que vous n'avez jamais eu faim.»[8] Simone se sent bête. Ses propos viennent clairement de la cataloguer «petite bourgeoise spiritualiste»[9]. Weil est une étudiante sûre d'elle et de ses convictions. Fervente activiste politique par la suite, elle se joindra aux différents mouvements organisés par les syndicats ouvriers au début des années 1930.

DANS LES PAS DE LÉONTINE ZANTA

C'est un article consacré à Léontine Zanta (1872-1942) qui donne l'élan nécessaire à Simone pour continuer ses études de philosophie. À l'époque, rares sont les femmes à s'engager dans cette voie – Simone a d'ailleurs du mal à croire qu'il existe des philosophes de sexe féminin; à quoi peut bien ressembler leur vie? Zanta est une véritable pionnière: en 1914, sa thèse sur la renaissance du stoïcisme au XVIe siècle fait d'elle la première docteure en philosophie française. Ne réussissant pas à obtenir de poste dans l'enseignement supérieur – il ne faudrait pas pousser non plus – elle se tourne vers l'écriture et le journalisme, publiant dans *Le Petit Journal* ou encore *Le Figaro*. Féministe engagée, elle écrit de nombreux articles sur la nécessité du féminisme et participe aux premiers États généraux du féminisme qui se tiennent à Paris en 1929.

Pour parler philosophie, Simone peut compter sur son ami Maurice Merleau-Ponty, mais leurs conversations ne la satisfont pas pleinement: alors qu'elle cherche à se débarrasser des conventions de son milieu et aspire à une façon de penser radicalement différente, Maurice, lui, cherche encore les réponses à ses interrogations dans son éducation religieuse. Maheu, son Lama chéri, n'est malheureusement pas non plus à la

*«Surtout,
je manquais
de méthode
et de perspectives;
l'univers intellectuel
était pour moi
un vaste fatras
où je me dirigeais
à tâtons.»*[10]

hauteur mais il la challenge suffisamment pour lui donner envie de s'engager sur de nouveaux chemins de pensée. À ce stade, en effet, Simone n'ose pas encore affirmer ses propres positions. Avec son année d'avance et la maigre formation qu'elle a reçue, elle n'a pas l'assurance de ses camarades masculins préparés depuis toujours à intégrer l'École normale supérieure et passer l'agrégation. Se servir de la logique, construire un argumentaire, impressionner les examinateurs... ils connaissent ça par cœur. Simone, elle, ne peut compter que sur elle-même, ses connaissances et la vivacité de son esprit.

Sa deuxième place à l'oral du concours en juin 1929 est d'autant plus impressionnante. Elle devient ainsi la neuvième femme française agrégée de philosophie. Maurice de Gandillac, qui étudie avec elle et compte parmi ses admirateurs, racontera plus tard que le jury a longtemps hésité. Il était clair que la première place revenait à Simone: «LA philosophe, c'était elle»[11], mais Sartre *devait* être en haut du classement, un homme, un «normalien» ayant échoué l'année précédente qui plus est... *Male privilege* quand tu nous tiens... Cela importe peu à Simone et Sartre. Ils se sont trouvés et ne vivent plus que pour débattre de leurs idées. Simone se laisse contaminer par l'enthousiasme de Sartre. Certes, elle a encore beaucoup à apprendre, mais elle ne se laisse pas impressionner par son adversaire, au contraire, sa motivation redouble. Simone considère Sartre comme une sorte de coach intellectuel. Il la met au défi comme personne, il l'encourage à penser autrement, et c'est exactement ce qu'elle voulait !

MAURICE MERLEAU-PONTY (1908-1961) PHILOSOPHE & FIDÈLE AMI

Maurice est quelqu'un qui fuit la lumière des projecteurs, préférant travailler au calme, dans l'ombre. Aux *Temps Modernes*, il est celui qui s'assure du bon fonctionnement de la revue. Lorsqu'ils étudiaient ensemble à l'université, Simone trouvait Maurice trop conservateur et ses idées encore trop imprégnées de catholicisme, mais elle le reconnaîtra plus tard: ses théories sont tout sauf ennuyeuses ! Après ses études, Maurice entreprend une carrière académique et travaille comme professeur puis maître de conférences. Il aide à fonder *Les Temps Modernes* en 1945 et publie la même année *Phénoménologie de la perception* puis *Le Primat de la perception et ses conséquences philosophiques*. Bien que très actif sur la scène philosophique où ses travaux rencontrent un franc succès, Maurice ne prend pas la grosse tête. Il reçoit lui aussi l'étiquette « existentialiste »: il a lu Hegel et Heidegger et sa philosophie, comme celle de Sartre, est influencée par la phénoménologie d'Husserl (la phénoménologie cherche à saisir l'essence des choses pour pouvoir les décrire). Il y mêle d'autres influences, allant du structuralisme de Lévi-Strauss à la psychologie de la forme (Gestalt-théorie). Sa pensée, unique en son genre, a finalement plus en commun avec celle de Simone qu'avec celle de Sartre. Comme Simone, Maurice développe une philosophie de l'ambiguïté: l'individu est libre, mais sa liberté est entravée par certaines structures. Par ambiguïté, Maurice entend également le fait que l'être humain n'est pas neutre face au monde puisqu'il en fait partie. Il pose la question de l'individu et de sa perception du monde et s'intéresse à la notion de chair comme intermédiaire entre eux. Maurice apprécie tout particulièrement le premier roman de Simone, *L'Invitée*, car les personnages y font une expérience intense de leur propre corps – au travers de la danse ou de la maladie par exemple – et réagissent presque toujours corporellement à leurs émotions ou leur environnement. Simone et lui s'intéressent beaucoup à la période de l'enfance, au cours de laquelle on découvre le monde qui nous entoure. Sur le plan politique, Maurice est assez proche de Sartre – tous deux soutiennent le socialisme soviétique –, mais cela ne dure qu'un temps. Ils finissent par se disputer à propos de la ligne éditoriale des *Temps Modernes* – Sartre ayant de plus en plus tendance à prendre des décisions unilatérales – et de leur rôle en tant qu'intellectuels. 1953 marque la fin de leur amitié. Maurice meurt quelques années plus tard d'un arrêt cardiaque en pleine lecture, dit-on, de *La Dioptrique* de Descartes.

L'agrégation en poche, Simone et Sartre persistent dans leur rejet des normes sociales et ne jurent que par la liberté individuelle: «Nous mesurions la valeur d'un homme d'après ce qu'il accomplissait: ses actes et ses œuvres. Ce réalisme avait du bon; mais notre erreur était de croire que la liberté de choisir et de faire se rencontre chez tout le monde.»[12] Ils sont jeunes et pensent naïvement que «quand on veut on peut». Simone le reconnaîtra après coup: les autres, « [j]'aimais mieux les juger que les comprendre. (...) Si nous savions de quelles erreurs il convenait de nous garder, nous ignorions quelle vérité leur substituer.»[13]

Le cocktail de la révélation

En 1933, Simone et Sartre découvrent la phénoménologie. Ils ont rendez-vous au café le Bec de Gaz avec leur ancien camarade Raymond Aron, spécialiste du philosophe austro-allemand Edmund Husserl, pour boire des cocktails à l'abricot, la spécialité de la maison (Aron tiendra à préciser par la suite qu'il avait commandé une bière, mais passons). Sartre n'attend qu'une chose: qu'il lui parle phénoménologie. Une fois servis, Aron désigne son verre: «Tu vois, mon petit camarade, si tu es phénoménologue, tu peux parler de ce cocktail, et c'est de la philosophie!»[14] Sartre est emballé: faire de la philosophie en discutant des choses du quotidien, c'est exactement ce à quoi il aspire! Il file acheter le livre de Levinas sur Husserl dans la librairie la plus proche.

D'après Aron, la phénoménologie ne se contente pas de dépasser l'opposition traditionnelle entre idéalisme et réalisme, elle «[affirme] à la fois la souveraineté de la conscience et la présence du monde, tel qu'il se donne à nous.»[15] Avide d'en savoir plus elle aussi, Simone s'attaque directement à l'œuvre de Husserl: «La nouveauté, la richesse de la phénoménologie m'enthousiasmaient: il me semblait n'avoir jamais approché de si près la vérité.»[16] Certes, Husserl lui ouvre de nouvelles perspectives mais elle n'abandonne pas tout de suite son idéalisme et sa façon très individualiste de concevoir le monde. Toujours est-il qu'à Marseille, comme à Rouen, elle tente d'apprendre à ses élèves à penser par elles-mêmes: «Il me semblait important de les débarrasser d'un certain nombre de préjugés, de les mettre en garde contre ce fatras qu'on appelle le sens commun, de leur donner le goût de la vérité.»[17] Le jour où Simone aborde la morale et donne «avec feu»[18] son avis sur le capital, la justice et la colonisation, nombre de ses élèves sont outrées. Qui est-elle, cette jeune professeure de philosophie, pour oser remettre en question les discours de leurs chers papas. Scandale!

C'est pendant la Seconde Guerre mondiale que Simone dépassera son individualisme. Enrôlé dès 1939 comme soldat météorologiste, Sartre est fait prisonnier en juin 1940 – il sera libéré en mars 1941, grâce à un faux certificat médical. À Paris, Simone est morte d'inquiétude. Elle a peur pour Sartre mais aussi pour Bost, son amant, qui a été envoyé au front. «Je savais à présent que mon sort était lié à celui de toutes et tous; la liberté, l'oppression, le bonheur et la peine des hommes me concernaient intimement.»[19] À la station météorologique, puis dans le camp de prisonniers où il est envoyé, Sartre a du temps pour lire, approfondir ses réflexions philosophiques et travailler à ses prochaines publications – *La Nausée*, premier roman qui l'a immédiatement rendu célèbre, et le recueil de nouvelles *Le Mur* sont sortis un peu plus tôt, en 1938 et 1939. La guerre ne change rien à ses habitudes: les idées jaillissent constamment dans son esprit et il continue d'en faire part à Simone qui les commente, les critique et les approfondit. Ils ne se voient peut-être pas, mais tant que les lettres leur parviennent ils n'ont aucune raison d'interrompre leurs échanges. De son côté, Simone travaille sur un essai philosophique et deux romans, *L'Invitée* et *Le Sang des autres*. Très productifs pendant ces années de guerre, ils sont obligés de reconsidérer leur rapport à autrui: ces individualistes convaincus apprennent la solidarité et l'empathie et se considèrent enfin comme partie d'un tout.

PETIT LEXIQUE DE L'EXISTENTIALISME

Ambiguïté: ambivalence, ce qui n'est pas clair; se rapporte ici à l'*existence*, dont le sens n'est jamais donné tel quel mais que l'individu doit sans cesse redéfinir.

Authenticité: acceptation de sa propre individualité.
But: sert à la fois d'objectif à atteindre et de point de départ dans la mesure où il se traduit sous forme de *projet* ayant vocation à être dépassé (*transcendance*).
Choix: *liberté* de décider d'une action, d'un *projet*.
Conscience: capable de spontanéité pure et impersonnelle; est toujours conscience *de* quelque chose; se conçoit dans sa relation à l'objet (*en-soi*) qui apparaît comme ce qu'elle-même n'est pas.
Contingent: non nécessaire, fruit du hasard; ce que la *transcendance* permet de dépasser.
En-soi: se réfère à l'objet; ne peut être rien d'autre que soi; demeure indépendant de toute *conscience*.
Essence: ce que l'être humain est.
Être: correspond au *pour-soi*.
Être jeté: en allemand «Geworfenheit»; le fait que l'être humain, par le hasard de sa naissance, se retrouve «jeté» dans l'*existence* et qu'il doive lui-même donner un sens à sa vie.
Être là: en allemand «Dasein»; ce qui caractérise l'être humain; réalité humaine; délimite l'*être* («sein» en allemand).
Existence: être là; fait de la présence humaine.
Facticité: ce qui est donné, prédéterminé; facteurs entravant la liberté des personnes de dépasser leur *situation*.
Immanence: *facticité pure*; repli sur soi; contraire de *transcendance*.
Liberté: origine et *but* de toute action; l'être humain est libre car il n'est pas programmé, il ne vient pas au monde avec une *essence* prédéterminée.

Mauvaise foi: illusion; tentative de l'être humain de fuir sa *liberté*.
Projet: choix de dépasser (*transcendance*) sa *situation* individuelle en se fixant un but; choix d'une relation consciente à soi-même.
Pour-soi: l'être humain, la *conscience* humaine; déterminé en lien avec les concepts de *facticité* et de *transcendance*.
Responsabilité: le fait que l'être humain soit libre et libre de ses choix, que rien ne prédétermine ses actions et que donc rien ne puisse l'excuser.
Situation: point de départ mais également entrave à la *liberté* de chaque être humain; chaque situation comporte des facteurs non choisis (*facticité*) comme des facteurs biologiques, historiques et sociétaux par exemple.
Sujet: *conscience*; relève du *pour-soi* tandis que l'objet relève de *l'en-soi*.
Transcendance: intentionnalité; dépasse ce qui est donné (*facticité*); contraire de l'*immanence*.

Après la libération de Paris en 1944 et la fin de la guerre en 1945, la pensée existentialiste devient soudainement à la mode. La jeunesse, désorientée par la guerre et par le grand écart que vient d'opérer le pays (la Résistance d'un côté, la collaboration de l'autre), cherche une alternative aux systèmes de pensée qui privilégiaient jusqu'ici le collectif. L'existentialisme choisit ainsi de valoriser l'humain – contrairement à la pensée marxiste par exemple. Beaucoup accueillent avec soulagement cette invitation à se sentir libre désormais de vivre sa vie comme on l'entend.

Dès lors, les livres de Simone et Sartre sont automatiquement catalogués «existentialistes», ce qui a le don de les agacer fortement. «Ma philosophie est une philosophie de l'existence; l'existentialisme, je ne sais pas ce que c'est»[20], s'emporte Sartre lors d'un colloque, mais comme personne ne prête attention à leurs protestations, ils finissent par se résigner: «Nous finîmes par reprendre à notre compte l'épithète dont tout le monde usait pour nous désigner.»[21] La vague existentialiste qui déferle sur la France est en grande partie alimentée par Simone et Sartre qui enchaînent publications sur conférences. Sartre publie *L'Âge de raison* puis *Le Sursis*, Simone publie *Le Sang des autres* et voit jouée sa pièce *Les Bouches inutiles*. C'est également l'année des premiers numéros des *Temps Modernes* et de la célèbre conférence de Sartre *L'existentialisme est un humanisme* («Il vint une telle foule que la salle ne put la contenir: ce fut une bousculade effrénée et des femmes s'évanouirent.»[22]) Simone, de son côté, est saluée pour sa conférence sur le roman et la métaphysique. Sartre devient le visage de cette nouvelle philosophie à la mode et Simone, par conséquent, se retrouve sous les feux des projecteurs: «Dans les rues, des photographes nous mitraillaient, des gens nous abordaient.»[23] Du jour au lendemain, livres, tableaux, musique, vêtements, tout devient «existentialiste». Pour autant, la philosophie sartrienne n'est pas appréciée par tou·tes. Les marxistes la qualifie d'individualiste et les conservateur·ices voient en elle un danger pour la morale. Cette soi-disant «jeunesse existentialiste» n'aspirerait qu'à traîner dans des bars, danser et écouter du jazz! Et «quelle confiance accorder à un philosophe dont la doctrine inspire des orgies?»[24] En vérité, peu de gens comprennent ce qui se cache véritablement derrière la philosophie existentialiste. Sartre lui-même s'en amuse: «Une dame dont on m'a parlé récemment, lorsque par nervosité, elle lâche un mot vulgaire, déclare en s'excusant: "Je crois que je deviens existentialiste".»[25] Dans ses articles pour *Les Temps Modernes*, Simone s'efforce de lutter contre les préjugés: «Peu de gens connaissent cette philosophie qu'on a baptisée un peu au hasard: existentialisme; beaucoup l'attaquent.»[26] Alors l'existentialisme, c'est quoi?

EXISTENTIALISME & POP CULTURE

Littérature

Les foules se pressent pour entendre ses discours, mais qui est-ce? Le célèbre Jean-Sol Partre! Partre est l'un des personnages de *L'Écume des jours* (1947) de Boris Vian, roman dont Sartre publie des extraits dans *Les Temps Modernes* l'année avant sa sortie – Sartre ne prenant heureusement pas personnellement l'assassinat de son double de papier. Vian fait partie de «la petite famille». Si *L'Écume des jours* n'a pas connu de succès du vivant de son auteur, il devient un classique après sa réédition à la fin des années 1960. En 2013 il est adapté au cinéma par Michel Gondry avec Romain Duris et Audrey Tautou dans les rôles principaux. Jean-Sol Partre, lui, est interprété par Philippe Torreton.

Mode

Pour vous habiller comme un·e existentialiste des années 1940, vous aurez besoin de vêtements noirs (idéalement un col roulé) et d'accessoires. Les femmes porteront un bandeau-turban, comme Simone, et un trait d'eye-liner. Les hommes opteront pour un trench-coat sérieux à la Camus ou une pipe à la Sartre. Simone et Sartre n'ont jamais véritablement compris ce qu'était supposée être la «mode existentialiste» mais cette nouvelle tendance les a beaucoup amusés. D'autant qu'on en discute même outre-Rhin: au printemps 1949, le journal allemand *Die Zeit* renseigne ses lecteur·ices sur ce qui est *in* en France: «À Paris, on ne parle plus que de la garde-robe des *dandies de l'existentialisme.*[27]» Ah ! ces existentialistes, de vraies *fashion victims.*

Cinéma

Dans la comédie musicale *Funny Face* – sortie en France sous le titre *Drôle de frimousse* en 1957 – Audrey Hepburn incarne Jo Stockton, une libraire passionnée de philosophie qui, repérée par hasard, devient le nouveau visage du magazine de mode

Quality. Son plus grand rêve? Se rendre à Paris pour rencontrer son auteur favori, Émile Flostre, fondateur de l'empathicalisme, LA philosophie du moment. Ça tombe bien, on l'y envoie pour une séance photo, mais une fois dans la capitale française, Jo disparaît. Le photographe en charge du *shooting* (Fred Astaire) la retrouve dans un bar enfumé en total look noir (ballerines comprises), en train d'exécuter une danse disons... particulièrement expressive: une danse empathicaliste. *Spoiler alert*, Jo finit par rencontrer son idole mais elle est déçue – surtout qu'il essaie de la draguer. En bref: une parodie très réussie. Et pour vous mettre l'eau à la bouche, cherchez «Audrey Hepburn crazy dance» sur Internet, vous ne serez pas déçu·es...

Musique

LA musique existentialiste, c'est le jazz. Et pour une expérience 100 % existentialiste, il faut se rendre au Tabou, à Saint-Germain-des-Prés, où Boris Vian lui-même joue régulièrement de la trompette. Pas votre truc, la trompette? Les chansons de Juliette Gréco – dont le trait d'eye-liner est *so* existentialiste – feront aussi l'affaire.

Liberté chérie

En (très) gros, la philosophie existentialiste s'intéresse à l'existence concrète de chaque individu et peut être résumée en une phrase: l'existence précède l'essence.

Pour Sartre, « cela signifie tout simplement que l'homme *est* d'abord et qu'ensuite seulement il est ceci ou cela. En un mot, l'homme doit se créer sa propre essence : c'est en se jetant dans le monde, en y souffrant, en y luttant qu'il se définit peu à peu ; et la définition demeure toujours ouverte ; on ne peut point dire ce qu'est cet homme avant sa mort, ni l'humanité avant qu'elle ait disparu. »[28]

Il n'y aurait donc pas de « nature humaine ». L'être humain se définit par ses actions, il « n'est rien d'autre que ce qu'il fait »[29] et diffère en cela d'un verre, par exemple, qui n'a pas de conscience, qui *est* simplement (c'est le concept de l'« en-soi »), observable par une conscience étrangère. L'être humain, lui, relève du « pour-soi ». Il est une conscience, il est un sujet, et il est en cela responsable de ce qu'il est. Sartre est athée, et il réfute l'idée qu'un Dieu soit à l'origine de la nature humaine et donne un sens à notre existence. Pour lui, nous seul·es sommes responsables de nos actes. Il n'existe pas de morale supérieure au nom de laquelle agir ; l'être humain doit se fixer lui-même ses propres objectifs. Sartre cite volontiers Dostoïevski : « Si Dieu n'existait pas, tout serait permis. »[30] Sans Dieu, impossible de justifier les actions humaines par un quelconque déterminisme. L'être humain est responsable de ses actions et libre de mener sa vie d'après ses propres règles et valeurs : « L'homme est condamné à être libre. Condamné, parce qu'il ne s'est pas créé lui-même, et par ailleurs cependant libre, parce qu'une fois jeté dans le monde, il est responsable de tout ce qu'il fait. »[31] Simone parle d'« ambiguïté » de la condition humaine: le sens de notre existence ne nous est pas donné, mais il nous est tout à fait possible de lui en donner un. Seulement, c'est un travail de chaque instant.[32]

Que chaque être humain ressente une certaine angoisse devant cette responsabilité est tout à fait normal : il faut agir et s'engager pour être en mesure d'exercer sa liberté et de sortir de sa *situation* – qui sert aussi bien de point de départ que de limite à la liberté. Chaque situation individuelle est certes composée de circonstances indépendantes de notre volonté (facteurs biologiques, historiques ou sociaux par exemple), mais il est toujours possible de les *dépasser*. En nous *projetant* dans le futur, vers un but, nous sommes capables de nous *transcender* (au sens de « dépasser sa situation »): « En dépit de tout le cœur bat, la main se tend, de nouveaux projets naissent et me poussent en avant. »[33] Une fois atteint, le *but* qui avait été fixé se transforme en point de départ vers un nouveau but, qui finira par être dépassé à son tour. La notion de *choix* joue ici un rôle essentiel: chaque individu est amené à choisir ses propres projets, on choisit d'agir, on choisit qui l'on a envie d'être. Le non-choix n'apparaît pas comme une option car après tout, ne pas choisir, c'est choisir de ne pas choisir. Il est toutefois fréquent d'essayer de se soustraire à ses responsabilités. C'est ce que Sartre appelle la *mauvaise foi*, qui consiste à adapter son comportement en fonction d'un soi-disant déterminisme. Cela permet d'agir sans avoir à se demander qui l'on a envie d'être. Pratique, non? Mais agir ainsi, c'est renoncer à sa liberté.

PETITE HISTOIRE DE L'EXISTENTIALISME FRANÇAIS

La philosophie de Sartre et Beauvoir trouve racine chez Socrate, qui encourageait déjà ses concitoyen·nes à se méfier des faits dits «naturels» et à questionner leurs propres modes d'action et de pensée. Toutefois, l'existentialisme tel qu'on le connaît aujourd'hui nous vient plutôt du XIXe siècle, lorsque Søren Kierkegaard et Friedrich Nietzsche ont fait de cette philosophie pensée à l'origine par les stoïciens et les épicuriens un véritable mode de vie. Mais tandis que Kierkegaard trouve en Dieu la réponse à l'*angoisse* existentielle, Nietzsche considère que Dieu est mort et que l'être humain est livré à lui-même. Il existe donc un existentialisme chrétien et un existentialisme athée – qui trouve néanmoins racine dans la philosophie de Kierkegaard. Sartre et ses contemporain·es ne s'embarrasseront pas du sujet et laisseront simplement de côté la question religieuse. Au début du XXe siècle, l'existentialisme français se retrouve très influencé par la phénoménologie, une méthode de pensée qu'on rattache au philosophe et logicien autrichien Edmund Husserl, et que le philosophe français Emmanuel

Levinas a contribué à faire connaître. La phénoménologie tente de dénicher l'être véritable de chaque chose au moyen de descriptions aussi précises que possible. Cette démarche colle plutôt bien à l'existentialisme qui est lui aussi à la recherche de vérité et d'authenticité en remettant systématiquement en question ce que l'on considère comme allant de soi. Sartre a piqué aux phénoménologues la notion de conscience comme intentionnalité, qu'Husserl avait lui-même adaptée de Franz Brentano: «Toute conscience est conscience de quelque chose.»

L'existentialisme français qui voit le jour au XXe siècle est donc un savoureux mélange d'idées existentialistes, de concepts issus de la phénoménologie allemande et d'autres issus de l'idéalisme hégélien et kantien, le tout saupoudré d'un peu de Martin Heidegger, dont les idées furent reprises et (très librement) interprétées par Sartre. C'est un existentialisme principalement athée, même si Gabriel Marcel, influencé par Karl Jaspers et Martin Buber, développe en parallèle un existentialisme chrétien.

Le terme d'«existentialisme» englobe aussi bien ceux qui se voient comme des philosophes de l'existence (Karl Jaspers, qui considère l'existentialisme français comme une «dégénérescence» de l'existentialisme de départ), ceux qui se voient comme des représentants de la phénoménologie (Maurice Merleau-Ponty), et ceux qui font carrément leur truc de leur côté (coucou Albert Camus).

*«Le fait est
que les seuls liens sûrs
entre les hommes sont
ceux qu'ils créent en
se transcendant dans
un monde commun par
des projets communs.»*[35]

L'existentialisme se concentre sur l'individu mais n'oublie pas que celui-ci évolue dans une société composée d'autres individus (d'autres consciences), d'autant que l'*Autre* nous est indispensable. Pourquoi ? Parce que seul un autre être humain, en tant que sujet libre, est capable de nous définir – ce que ne peuvent pas faire une table de *designer* ou un pull-over de marque, n'en déplaise aux accros du shopping. La liberté de chacun·e d'entre nous est donc intimement liée à celle des autres. Sartre écrit: «(...) la liberté comme définition de l'homme ne dépend pas d'autrui, mais dès qu'il y a engagement, je suis obligé de vouloir en même temps que ma liberté la liberté des autres, je ne puis prendre ma liberté pour but que si je prends également celle des autres pour but.»[34]

En résumé, être libre, au sens existentialiste du terme, c'est se remettre sans cesse en question: rien ne doit être accepté comme tel et l'avenir doit toujours être reconsidéré. La philosophie existentialiste est une philosophie particulièrement exigeante: parce qu'il est libre, l'être humain est responsable de sa propre vie et n'a donc aucune excuse. En poussant à se demander comment mener sa vie de manière authentique, l'existentialisme a posé les jalons de choses qui nous semblent aujourd'hui naturelles et qui ne l'ont pourtant pas toujours été: le refus de se laisser déterminer par autrui par exemple, tout comme la responsabilité de ses propres actes. Il est de notre devoir de décider et ce, de façon active, ce que nous voulons faire de notre vie. Mais attention, il ne s'agit pas seulement de se réaliser personnellement – sinon les livres de développement personnel «existentialistes» seraient légion: la philosophie existentialiste requiert aussi un engagement au sein de la société, un engagement en faveur des autres.

Si l'on parle moins d'existentialisme aujourd'hui, c'est sans doute parce que nombre des idées qu'il défend sont devenues évidentes à nos yeux, mais aussi parce que le contexte a changé. L'existentialisme sartrien est né juste après la Seconde Guerre mondiale dans une France désorientée, qui avait désespérément besoin de se raccrocher à un nouveau système de pensée. Une fois cette mission remplie, l'existentialisme s'est assez vite retrouvé *has been*. Dans les années soixante on ne parle plus que de structuralisme et de poststructuralisme, des philosophies incarnées par Jacques Derrida ou Michel Foucault qui envisagent le monde – et l'être humain avec lui – comme une construction, laissant de côté l'opposition sujet/objet. Comme quoi il n'y a pas qu'au cinéma qu'on finit par se faire remplacer par des plus jeunes que soi!

Simone et «l'Autre»

Beaucoup de dictionnaires philosophiques et d'encyclopédies se contentent de présenter Simone de Beauvoir comme une disciple de Sartre. Dans les librairies, elle est souvent absente des rayons philosophie. Simone ne serait donc pas une philosophe à part entière? Pourtant, non seulement elle a contribué à théoriser la pensée sartrienne, mais elle a également su l'approfondir et l'interpréter à sa manière.

Contrairement à Sartre, Simone accorde une grande importance aux conditions sociales dans lesquelles nous évoluons, et estime qu'elles sont susceptibles d'entraver notre liberté individuelle. Là où Sartre soutient que toute situation, quelle qu'elle soit, peut être dépassée, Simone est beaucoup plus sceptique. En 1949, dans *Le Deuxième Sexe*, elle livre une analyse détaillée de la condition féminine et montre comment les normes et les attentes de la société l'influencent. Dépasser la situation dans laquelle on se trouve serait plus facile pour certain·es personnes que pour d'autres, car «tout individu peut exercer sa liberté à l'intérieur de son monde: mais tous n'ont pas les moyens de refuser, fût-ce par le doute, les valeurs, les tabous, les consignes dont on les a entourés»[36]. Deuxième preuve de l'indépendance intellectuelle de Simone: le lien qu'elle établit entre liberté et volonté. Pour Sartre, l'être humain naît libre, et puisqu'il est apte à donner un sens à la situation dans laquelle il se trouve, il est tout à fait capable de la dépasser. Pour Simone à l'inverse, il est nécessaire que l'être humain exprime, au préalable, sa volonté de devenir sujet[37]. La liberté doit se conquérir par l'intermédiaire d'un choix, d'une décision, d'un projet qui permettra à la personne qui le souhaite de dépasser sa situation. Simone croit au pouvoir de la volonté, mais une volonté fervente et dynamique, qui permet à l'être humain de s'affirmer pleinement.

CLAUDE LÉVI-STRAUSS (1908-2009) ETHNOLOGUE, ANTHROPOLOGUE & FOURNISSEUR OFFICIEL DE NOUVELLES IDÉES

Par un froid matin de janvier 1929, trois futurs agrégé·es de philosophie se retrouvent devant le lycée Janson-de-Sailly où ils s'apprêtent à effectuer un stage de quatre semaines: Maurice Merleau-Ponty, Simone de Beauvoir et Claude Lévi-Strauss qui intimide Simone «par son flegme», dont il joue «avec adresse»[38]. Elle le trouve drôle. Après l'agrégation, Claude se détourne rapidement de la philosophie, lui préférant l'ethnologie. Depuis le Brésil où il est envoyé, il entreprend avec sa femme Dina plusieurs missions ethnographiques en Amazonie entre 1935 et 1939. En 1941 il bénéficie du soutien de la fondation Rockefeller pour fuir la France de Vichy et s'exiler aux États-Unis, à New York plus précisément. Il y rencontre des intellectuel·les du monde entier dont le célèbre linguiste Roman Jakobson qui l'initie aux principes de la linguistique structurale. Claude réalise alors que ce modèle s'applique très bien à l'ethnologie et plus particulièrement aux relations de parenté: les cultures, comme les langues, se construisent sur des règles observables qu'on peut tout à fait analyser. Les comportements humains repérés dans une culture peuvent ainsi trouver un équivalent dans les signes qui composent un système de communication. Emballé par sa découverte, Claude rentre en France en 1947, soutient sa thèse en 1948 et publie ses conclusions sous le titre *Les Structures élémentaires de la parenté* l'année suivante. Simone en publie très vite une critique dans *Les Temps Modernes*. Elle trouve intéressante l'idée qu'un système d'échange qui assure la circulation des femmes, basé sur des règles de mariage comme l'interdiction de l'inceste par exemple, vienne remplacer des relations consanguines d'origine biologique par des alliances sociales. En pleine écriture du *Deuxième Sexe*, elle reprend ce système d'analyse de la parenté pour son livre, bien que Claude lui-même ne soit pas féministe – plutôt le genre à soutenir que les femmes n'ont rien à faire dans la recherche. On ne trouve d'ailleurs que très peu de traces de Dina – anthropologue et agrégée de philosophie avant d'être « femme de » – dans les travaux qu'ils ont menés ensemble… Fort du succès des *Structures élémentaires de la parenté*, Claude apparaît comme le fondateur du structuralisme français, une philosophie qui refuse l'idée d'un sujet souverain, subordonnant l'être humain aux structures. Pas étonnant que les existentialistes soient sceptiques : quid de la liberté alors ? Mais rien, pas même leurs critiques, ne peut entacher la popularité de Claude et du structuralisme. Il publie en 1955 *Tristes tropiques*, à la fois récit de ses premiers voyages au Brésil, autobiographie romancée et essai anthropologique. Le livre fait un véritable carton. Si Sartre coupe définitivement les ponts avec Claude à la fin des années cinquante, Simone demeure son amie jusqu'au bout – même si elle lui reproche en secret de vouloir voler la vedette à Sartre. Claude entre à l'Académie française en 1973, juste avant de voir sa philosophie se faire remplacer par le nouveau courant à la mode, le poststructuralisme.

Passion et joie de vivre caractérisent l'existentialisme de Simone. Parce que les thèmes et questions qu'elle aborde dans ses textes – qu'il s'agisse de romans, de nouvelles ou d'essais – la touchent personnellement, elle parvient à y insuffler chaleur et légèreté, tandis que les écrits de Sartre demeurent souvent très théoriques voire, disons-le, franchement abscons. Simone ne s'adresse pas à une élite intellectuelle. Elle écrit pour le grand public et sa philosophie est à son image: confiante et optimiste. «L'Autre», un thème qui la préoccupait déjà dans sa jeunesse, y trouve une place prépondérante. Simone est fascinée par la faculté que nous avons à nous percevoir comme une conscience unique et singulière, héroïne de notre propre vie et menacée de ce fait par les autres consciences, tout en sachant très bien qu'aux yeux de celles-ci, c'est nous qui faisons office de second rôle. «Je ne connais que toi qui sois capable de verser des larmes en découvrant chez autrui une conscience semblable à la tienne»[39], dit Pierre à Françoise dans *L'Invitée.*

En 1944, Simone achève son deuxième roman, *Le Sang des autres*, mais elle a la sensation de ne pas avoir tout dit, surtout en ce qui concerne «le rapport de l'expérience individuelle à la réalité universelle.»[40] Pourquoi choisir de réaliser un projet plutôt qu'un autre? Comment mettre un projet en pratique? Qu'est-ce que l'autre signifie pour *mes* projets, pour *mon* être? Ces questions la travaillent au point qu'elle leur consacre un essai: *Pyrrhus et Cinéas*. Elle y montre qu'il est important pour l'être humain de trouver un sens à son existence pour que celle-ci soit justifiée – et cette justification, l'individu l'obtient via l'*Autre* qui est également dans un mouvement constant de dépassement de soi. Il est nécessaire que l'individu se lance dans ses propres projets, les mène à terme et s'assure ainsi de leur viabilité. Mais ces projets, aussi nombreux que les individus eux-mêmes, peuvent rapidement se trouver en contradiction. D'un autre côté, il existe forcément des individus qui ont les mêmes projets que moi et peuvent devenir de potentiels allié·es. Nous devons donc chercher l'aide des autres pour réaliser nos propres projets autant que pour justifier notre existence[41]. C'est un point crucial pour Simone, qui fait à ce propos des recommandations concrètes: pour que l'autre me soutienne et m'aide à réaliser mes projets, nous devons être au même niveau (car je suis un·e autre pour lui/elle autant qu'il/elle l'est pour moi). Nous avons donc toutes et tous le devoir éthique de travailler à un monde dans lequel tous les êtres humains ont la possibilité de réaliser leurs projets.[42] «Une activité est bonne quand elle vise à conquérir pour soi et pour autrui ces positions privilégiées: à libérer la liberté.»[43]

Simone n'a aucun problème à lire, comprendre et questionner les différentes doctrines philosophiques. Sartre compte ainsi sur ses retours de lecture et sur tout ce qu'elle peut lui apporter pour nourrir sa pensée, dont elle connaît les faiblesses et les manques, sur les questions éthiques et morales notamment. Dans *L'Être et le Néant*, Sartre annonce sa volonté de proposer une morale existentialiste. Il ne remplira pourtant jamais sa promesse, et c'est Simone qui va ajouter cette dimension à son travail. Lorsqu'elle explique un jour au célèbre existentialiste chrétien Gabriel Marcel qu'elle verrait bien une morale basée sur *L'Être et le Néant* de Sartre, celui-ci l'invite à l'écrire elle-même. Simone ne se le fait pas dire deux fois ! *Pour une morale de l'ambiguïté* paraît en 1947, elle y défend l'existentialisme, jugé trop individualiste, et prouve que cette philosophie peut aussi proposer de vraies valeurs:

«[l'Homme] porte la responsabilité d'un monde qui n'est pas l'œuvre d'une puissance étrangère, mais de lui-même et où s'inscrivent ses défaites comme ses victoires.»[44]

Simone considère non valables les morales qui se basent sur une «humanité homogène». Elle insiste au contraire sur «le fait de la séparation des hommes»[45] – ce qui ne signifie pas pour autant que les êtres humains «séparés» ne peuvent se lier pour créer des règles valables pour tous[46]. Pour Simone, c'est cela qui constitue une «morale de l'ambiguïté»: admettre que l'humanité est constituée de nombreuses libertés individuelles sans pour autant exclure le fait que ces libertés soient reliées entre elles et servent de support à une morale commune. Cette morale se base sur une volonté absolue de liberté, pour soi et pour les autres: «se vouloir libre, c'est aussi vouloir les autres libres; cette volonté n'est pas une formule abstraite, elle indique à chacun des actions concrètes à accomplir.»[47] Bien, mais lesquelles? Simone encourage à se rebeller contre toute forme d'oppression. Dans *Pyrrhus et Cinéas*, elle écrit: «Je demande pour les hommes la santé, le savoir, le bien-être, le loisir, afin que leur liberté ne se consume pas à combattre la maladie, l'ignorance, la misère.» Simone insiste, chaque individu est responsable de l'état de la société tout entière. L'être humain doit activement chercher à exercer sa liberté et permettre aux autres de faire de même.

SIX PHILOSOPHES QUI ONT INFLUENCÉ L'EXISTENTIALISME DE BEAUVOIR

Gottfried Wilhelm Leibniz (1646-1716)
Connu pour être: un génie universel et le précurseur des Lumières allemandes.
En bref: d'après Leibniz, Dieu a offert à l'être humain la liberté de faire ce qu'il veut de sa vie. Tout comme le monde peut sans cesse être amélioré – le processus d'amélioration en vue d'atteindre un monde parfait étant sans fin –, l'être humain ne reste jamais le même bien longtemps: quelle que soit la situation dans laquelle il se trouve et quelles que soient les

conditions données, l'être humain est toujours libre de son comportement.
Ce dont s'inspire Simone: l'idée que l'être humain puisse être libre tout en se trouvant dans une situation aux conditions données, et l'idée qu'il n'y ait pas de but ultime à atteindre dans la vie, qu'à chaque but atteint, un nouveau but soit fixé. Simone s'intéresse tant à la philosophie de Leibniz qu'elle en fait le sujet de son mémoire universitaire.

Emmanuel Kant (1724-1804)
Connu pour être: LE philosophe des Lumières allemandes.
En bref: l'éthique kantienne repose sur le fait d'oser penser par soi-même, *sapere aude*. Kant pose la liberté comme l'un des postulats de la raison pratique, ce qui lui permet de réfléchir ensuite à des questions du type «que dois-je faire?» (comprendre: qu'est-ce qui est moralement juste?) et «qu'est-ce qui détermine ma volonté?» (comprendre: d'après quelles normes ma raison me pousse-t-elle à faire ce choix?). Pour lui, la volonté peut s'orienter en fonction de lois inscrites en nous-mêmes – en notre raison –, ou qui nous sont extérieures.
Ce dont s'inspire Simone: l'«optimisme kantien», comme elle l'appelle: l'idée que l'individu dispose d'une liberté radicale ajoutée à la conviction que «devoir» signifie en réalité «pouvoir»: «Tu dois, donc tu peux»[48].

Georg Wilhelm Friedrich Hegel (1770-1831)
Connu pour être: idéaliste.
En bref: Hegel est le premier à faire la distinction entre le sujet (le pour-soi) et l'objet (l'en-soi). La conscience de soi est le résultat de la reconnaissance de ce «soi» par autrui: on devient conscient de soi-même à travers les yeux d'un·e autre.
Ce dont s'inspire Simone: l'idée que chaque conscience humaine différencie la pure conscience de soi (l'essentiel) de l'altérité (l'inessentiel).

Søren Kierkegaard (1813-1855)
Connu pour être: l'un des précurseurs de l'existentialisme.
En bref: Kierkegaard s'intéresse aux individus et au monde dans lequel ils vivent, laissant de côté les considérations sur l'être humain en général. Sa philosophie traite de la volonté et de la liberté humaine ainsi que de la possibilité que nous avons à toujours prendre de nouvelles décisions – en particulier morales. Pour lui, l'être humain a conscience du lien corps-esprit et de sa responsabilité envers lui-même et le monde, mais il ne peut justifier lui-même de son être. Son identité spirituelle ne peut être trouvée en lui-même: c'est Dieu qui est à l'origine de l'infinité et de la liberté de l'être humain. L'être humain ne peut malgré tout compter sur aucun soutien objectif, il est sans cesse renvoyé à sa propre et incertaine existence. Kierkegaard utilise le mot «existence» pour décrire

le fait que l'être humain est toujours amené à choisir, à prendre de nouvelles décisions.

Ce dont s'inspire Simone: les questions que se pose Kierkegaard concernant le rapport de l'être humain au monde: quelle relation y a-t-il entre la liberté et la situation donnée d'un individu? Pour Kierkegaard, comme pour Simone, c'est bien là que réside le problème existentiel. Mais les affirmations de Kierkegaard quant à la relation de l'être humain à Dieu ne la satisfont pas.

Edmund Husserl (1859-1938)

***Connu pour être*:** le fondateur de la phénoménologie.

***En bref*:** la phénoménologie cherche à isoler l'essence des choses pour les voir telles qu'elles sont et non comme on pense qu'elles devraient être. Il est pour cela nécessaire de se défaire des clichés et des idées reçues et de procéder de manière méthodique, en toute objectivité. Nos observations ne portent donc plus sur de simples choses mais sur des phénomènes (comprendre: des choses ordinaires – objets ou événements – d'après l'expérience qu'on en fait et non telles qu'elles peuvent apparaître.) Husserl parle d'« intentionnalité de la conscience » pour décrire une conscience dirigée vers quelque chose. C'est cet « acte de la conscience » qui peut donner une consistance aux objets: en observant des choses, nous leur donnons une signification. La conscience est toujours conscience « de quelque chose ».

Ce dont s'inspire Simone: la conviction que toute analyse théorique doit se baser sur les particularités d'une expérience vécue. Simone reprend également la définition que donne Husserl de la conscience comme centre du monde, intentionnelle, toujours dirigée vers quelque chose, dont le regard confère à l'objet une existence.

Martin Heidegger (1889-1976)
Connu pour être: phénoménologue et philosophe de l'existence.
En bref: Heidegger s'intéresse avant tout au *Dasein*, (littéralement «être là» et qui signifie chez lui la manière d'être de l'être humain dans le monde). Ce *Dasein* caractérise l'être humain et le place dans un lieu déterminé, inchangeable et indépendant de sa volonté: l'être est «jeté dans son là». Le *Dasein* est défini par la mort. En effet, Heidegger déduit la signification et le caractère d'urgence constitutif de l'existence humaine du fait que nous mourrons toutes et tous. Le temps passe, chaque décision compte, c'est pourquoi nous devons mener notre vie libres et responsables. C'est angoissant, bien entendu, et c'est dans cette angoisse que l'être humain fait l'expérience du néant... et donc de sa propre existence: si la mort n'existait pas, alors la vie n'aurait aucun sens.
Ce dont s'inspire Simone: le goût de Heidegger pour les exemples tirés de la vie quotidienne. Elle s'intéresse également au *Mitsein* de Heidegger («être avec»), le fait que nous habitons ce monde avec d'autres et ce que cela signifie pour notre existence. Elle ne partage néanmoins pas l'idée d'Heidegger selon laquelle la

mort détermine les projets de vie. Elle pense plutôt que les projets sont déterminés par des buts précis que nous nous fixons nous-mêmes.

Pour une morale de l'ambiguïté est l'un des rares essais philosophiques publiés par Simone. Mais ses réflexions philosophiques habitent l'ensemble de son œuvre, mémoires compris. Ses romans par exemple, font partie intégrante de sa philosophie. Dans un article intitulé *Littérature et métaphysique*, elle pose les bases d'un roman dit «métaphysique», qui se situerait entre littérature et philosophie pures et dont l'objectif (en très bref) serait d'analyser le comportement des individus et de peindre les expériences humaines dans leur dimension métaphysique. Autrement dit, le roman métaphysique sert à «dévoiler l'existence». Il s'agit d'être authentique, de traiter d'expériences et de ressentis subjectifs: «Il faut tenter de la présenter dans son intégralité [la réalité], telle qu'elle se dévoile dans la relation vivante qui est action et sentiment avant de se faire pensée.»[49] Simone préfère donner à voir la réalité de la vie et de l'existence humaine que d'en faire d'interminables traités philosophiques abstraits. Ou comme le dit Françoise dans *L'Invitée*: «(...) pour moi, une idée, ce n'est pas théorique (...), ça s'éprouve, ou si ça reste théorique, ça ne compte pas.»[50] Pour Simone, la philosophie est «une réalité vivante. Elle me donnait des satisfactions sur lesquelles je ne me blasai jamais.»[51] Ce qui explique sans doute que ses idées philosophiques continuent de nous inspirer aujourd'hui.

*«Si une théorie
me convainquait,
elle ne me restait pas
extérieure; elle changeait
mon rapport au monde,
elle colorait mon
expérience.»*[53]

Ni muse, ni fan, ni disciple

Bien qu'elle ait étudié la philosophie et que toute son œuvre soit empreinte de réflexions philosophiques, Simone ne se voit pas comme une philosophe au sens propre du terme car sa pensée, selon elle, n'est pas originale: «[J]e savais très bien que mon aisance à entrer dans un texte venait précisément de mon manque d'inventivité.»[52] Simone en est convaincue: pour être qualifié·e de philosophe, il faut avoir inventé son propre système de pensée. Critiquer et approfondir un système existant ne suffit pas. Des critères si stricts qu'un grand nombre de philosophes d'aujourd'hui ne sauraient les remplir... Ce n'est pas pour rien qu'Alain Renaut a intitulé *Le Dernier Philosophe* son ouvrage consacré à Sartre: il semble bien que Sartre soit le dernier philosophe au sens classique du terme, puisqu'il est le dernier a avoir créé son propre système de pensée.

Simone ne se voit pas comme une penseuse «originale» mais elle accepte quand même l'étiquette de philosophe, c'est en tout cas ce qu'elle explique dans un entretien donné peu avant sa mort: «Quand je dis que je ne suis pas une philosophe, j'entends que je ne suis pas la créatrice d'un système, je reste une philosophe dans le sens où j'ai étudié la philosophie, j'ai un diplôme en philosophie, j'ai enseigné la philosophie, je suis empreinte de philosophie et quand je mets de la philosophie dans mes livres, c'est parce que c'est pour moi une façon de voir le monde (...).»[54]

Pourquoi faire simple quand on peut faire compliqué? Il est évident que Simone est une philosophe. Néanmoins, elle ne fait pas partie des penseurs et penseuses qui furent d'emblée reconnu·es comme tel·les. Cela vient de ses propres hésitations mais également de son moyen d'expression privilégié: le roman, plutôt que le traité théorique. D'ailleurs, son essai peut-être le plus important, *Le Deuxième Sexe*, est souvent rangé au rayon sciences sociales. Et puis, comme toujours quand il s'agit de Simone, beaucoup la réduisent immédiatement à sa relation à Sartre et assimilent ses idées aux siennes. Elle est la muse, la fidèle admiratrice, la disciple. Or, dans les faits, le couple formait plutôt une machine à penser à deux têtes où s'opéraient d'incessants chassés-croisés d'idées et de théories. Eh oui, Simone pensait bel et bien par elle-même, n'en déplaise à certain·es! Les grandes idées sont le fruit de grands hommes ET de grandes femmes. Simone a peut-être aussi refusé l'étiquette de «philosophe» car elle était consciente de ces discriminations. Elle aura voulu rester libre de travailler comme elle l'entendait, sa grande passion demeurant la littérature, elle qui, très tôt, rêva plus que tout de devenir écrivaine: «En écrivant une œuvre nourrie de mon histoire, je me créerais moi-même à neuf et je justifierais mon existence.»[55]

« Écrire est demeuré la grande affaire de ma vie. »[1]

ÉCRIRE

CHRONOLOGIE

1943 Parution de *L'Invitée*

1945 Parution du *Sang des autres*

1946 Parution de *Tous les hommes sont mortels*

Conférences sur la littérature en Tunisie

1947 Conférences sur la littérature aux États-Unis

1954 Parution des *Mandarins*

Prix Goncourt

1956 Simone commence à rédiger ses mémoires

1958 Parution des *Mémoires d'une jeune fille rangée*

1960 Parution de *La Force de l'âge*

1963 Parution de *La Force des choses*

1964 Mort de Françoise de Beauvoir et parution d'*Une mort très douce*

1966 Parution des *Belles Images*

1967 Parution de *La Femme rompue*

1972 Parution de *Tout compte fait*

1979 Parution de *Anne, ou quand prime le spirituel*

Marseille, printemps 1932. Frustrée, Simone pose son stylo et tourne son visage vers la fenêtre pour observer la rue. Elle est assise depuis des heures dans un café et tente de décrire dans le moindre détail ce qui l'entoure: les murs, les petites tables, mais rien à faire, cet exercice ne mène nulle part. Simone abandonne. Elle préférerait largement reprendre l'écriture de son roman mais c'est justement parce qu'il n'avance pas qu'elle a eu l'idée de cet exercice. Peut-être était-ce un trop gros projet? Qu'importent les moments de doute, Simone est sûre d'une chose: elle ne veut pas seulement être professeure de philosophie, elle veut réaliser son rêve: être écrivaine.

Dis-moi ce que tu lis, je te dirai qui tu es

Les livres peuvent parler, Simone en est convaincue. Ils parlent du monde qui l'entoure et, parfois, ils parlent d'elle. Ils la font rêver et réfléchir, posent des questions, remettent en cause les idées reçues. Enfant, Simone reçoit de ses parents un curieux mélange de littérature religieuse édifiante, de romans d'aventure et d'histoires totalement kitsch, l'idée étant qu'elle ne lise que les «bons» livres – en d'autres termes ceux qui correspondent à leur morale conservatrice: «Ils admettaient les mêmes vérités et les mêmes valeurs que mes parents et mes institutrices; les bons étaient récompensés, les méchants punis; il n'arrivait de mésaventures qu'aux gens ridicules et stupides.»[2] Bien que curieuse de lire ce qu'on cherche à lui dissimuler, Simone accepte docilement la censure parentale. Rien à voir avec sa cousine Madeleine qui lit tout ce qui lui passe sous la main. Georges s'emporte le jour où il trouve sa nièce de douze ans plongée dans *Les Trois Mousquetaires* d'Alexandre Dumas. Ce n'est pas une lecture pour une jeune fille, enfin ! Mais les années passent, et Simone ne tient plus: elle veut savoir ce qui se cache dans les livres qu'on lui interdit. N'osant pas regarder elle-même, elle interroge sa cousine, qui évoque des scènes ayant trait à la conception des enfants. La curiosité piquée au vif, Simone s'empresse de demander à sa mère – dont on imagine l'embarras – s'il est vrai que les enfants naissent par le nombril. Les livres ne se contentent pas de parler à Simone, ils la poussent à la rébellion également !

Françoise se rend régulièrement à la bibliothèque Cardinal, place Saint-Sulpice. Tous ces livres, quel paradis ! Simone adore l'accompagner, et choisir ceux qu'elle pourra emprunter. Avec les années, les livres prennent de plus en plus de place dans sa vie. Lorsque les Beauvoir emménagent dans le petit appartement de la rue de Rennes, ils lui servent à s'échapper du quotidien. Elle plonge alors dans des mondes inconnus, habités par des personnages auxquels elle aime s'identifier. Simone se considère comme l'héroïne tragique de son propre roman: «Toute intrigue romanesque exigeant des obstacles et des échecs, je m'en inventai.»[3] *Les Quatre Filles du docteur March* de Louisa Alcott, qui raconte le quotidien, en Nouvelle-Angleterre, des sœurs March (Meg, Jo, Beth et Amy), est sans doute l'un des livres qui lui parle le plus. Simone s'identifie à Jo, jeune femme intelligente et frondeuse qui veut devenir écrivaine et parcourir l'Europe. Pendant longtemps, Simone hésite quant à son avenir: vendre, ou écrire des livres? «À mes yeux le monde ne contenait rien de plus précieux.»[4] L'adolescence lui apportera la réponse: Simone se lance dans un premier projet d'écriture intitulé *Les Malheurs de Marguerite*. Le roman raconte l'histoire d'une jeune Alsacienne orpheline qui tente de traverser le Rhin avec ses frères et sœurs pour rejoindre la France. Mais il ne s'agit là que de «gribouillages»[5] d'enfant. Simone a de plus grands projets. Bien qu'elle adore rédiger ses compositions de français, on lui reproche son «style guindé»[6], et il n'en faut pas plus pour la faire douter de son talent. À quinze ans, dans l'album d'une amie, sa réponse à la question «que voulez-vous faire plus tard?» demeure tout de même: «Être un auteur célèbre[7]». «La première raison, c'est l'admiration que m'inspiraient les écrivains; mon père les mettait bien au-dessus des savants, des érudits, des professeurs. J'étais convaincue moi aussi de leur suprématie; même si son nom était largement connu, l'œuvre d'un spécialiste ne s'ouvrait qu'à un petit nombre; les livres, tout le monde les lisait: ils touchaient l'imagination, le cœur; ils valaient à leur auteur la gloire la plus universelle et la plus intime.»[8]

Si Georges avait su qu'il serait en partie responsable du choix de carrière de sa fille! Un écrivain femme?

Ridicule ! Mais Simone est bien décidée à faire quelque chose de sa vie, et pense qu'un travail intellectuel lui permettra d'échapper au destin monotone qui l'attend. Elle est scandalisée le jour où Zaza lui soutient que mettre neuf enfants au monde – comme l'a fait sa mère – « vaut bien autant que d'écrire des livres. »[9] Pour Simone, l'acte d'écrire possède une dimension à la fois mythique et révolutionnaire. C'est aussi un nouveau moyen d'accéder à l'immortalité maintenant qu'elle a perdu la foi et donc toute perspective de béatitude : « Il n'y avait plus de Dieu pour m'aimer, mais je brûlerais dans des millions de cœurs. En écrivant une œuvre nourrie de mon histoire, je me créerais moi-même à neuf et je justifierais mon existence. »[10]

Ambitieux tout cela ! Mais soit. La littérature prend en elle la place qu'avait occupée la religion jusque-là. Jacques fait découvrir à sa chère « Sim » des auteurs comme Jean Cocteau ou Paul Valéry, qui n'auraient jamais franchi les portes de l'appartement familial autrement. Ces lectures sont pour Simone de véritables expériences sensorielles, elle se délecte de ces couvertures « aux fraîches couleurs de bonbons acidulés »[11] : Cocteau brille d'un rouge framboise, Valéry d'un blanc neige. Elle se dépêche de tourner les pages : « Bien des livres déjà m'avaient passé par les mains, mais ceux-ci n'appartenaient pas à l'espèce commune : j'en attendais d'extraordinaires révélations. »[12] Elle n'y trouve pourtant que de simples mots, mais ces mots-là la touchent, ils parlent d'elle. Encore, encore !

LA MAISON DES AMIS DES LIVRES

Habitude prise pendant ses années d'étudiante à la Sorbonne, Simone est souvent présente à la Maison des amis des livres, librairie et bibliothèque de prêt située au 7 rue de l'Odéon. André Gide, James Joyce ou encore Jean Cocteau font également partie des habitués. La directrice du lieu n'est autre que la célèbre Adrienne Monnier, compagne de Sylvia Beach, la propriétaire de la librairie Shakespeare & Company alors située au 12 de la même rue.

Avec Jacques, elle se familiarise avec la littérature française contemporaine. Elle découvre Gide, Proust mais aussi Raymond Radiguet. Un des livres qui la marque particulièrement est *Le Grand Meaulnes* d'Alain-Fournier, déjà culte peu de temps après sa sortie en 1913. Le roman raconte l'amitié entre François Seurel, quinze ans, fils d'instituteurs, et Augustin Meaulnes, dix-sept ans. Il traite de leurs amours déçues et du passage à l'âge adulte, faisant alterner les moments de rêves et de réalité, procédé plutôt moderne à l'époque. Simone s'identifie à Yvonne, que Meaulnes épouse. Elle est d'ailleurs persuadée que Jacques lui a donné ce livre (qui est son livre préféré) pour lui dire quelque chose – mais quoi ? Elle a beau chercher, Simone n'y trouve pas de quoi décrypter le comportement de son cousin envers elle. Lorsqu'elle n'est pas occupée à chercher des réponses dans *Le Grand Meaulnes*, Simone aime se plonger dans le surréalisme: elle lit Aragon, Breton, mais également des magazines avant-gardistes: «Destruction de l'art, de la morale, du langage, dérèglement systématique, désespoir poussé jusqu'au suicide: ces excès me ravissaient.»[13] Elle tente alors, à dix-neuf ans, de pimenter un peu sa vie en entraînant sa sœur dans des bars et en faisant tout pour se faire remarquer. Comme quoi, la lecture peut se révéler dangereuse!

À la recherche de l'inspiration perdue

Même si elle souhaite avant tout devenir écrivaine, Simone s'intéresse à la philosophie et s'oriente vers le professorat – il faut bien gagner sa vie, et puis rien ne l'empêchera d'écrire en parallèle si elle le souhaite. En vérité, Simone réfléchissait déjà dans sa jeunesse à devenir institutrice mais la littérature lui est vite apparue comme le meilleur moyen de mener sa vie comme elle le souhaite. Simone se promet même «d'avoir terminé à vingt-deux ans le grand ouvrage où je dirais tout»[14]. Rien de moins. Pourtant, elle n'ose pas vraiment parler à ses ami·es de son rêve d'écrire. Tout cela est encore trop abstrait, trop lointain. Sa rencontre avec Sartre et Nizan en 1929 la motive et la frustre en même temps. Eux ne doutent pas une seconde de leur avenir d'écrivains. Ils savent exactement quels livres ils veulent écrire et y travaillent déjà. Simone est impressionnée autant qu'intimidée. Elle a si peu fait jusqu'ici pour réaliser son

«Je voulais écrire un roman, c'est tout, et c'était déjà beaucoup.»[15]

rêve ! Frustrée, elle doit bien admettre qu'un simple « je veux » ne suffira pas à faire d'elle une écrivaine. Certes, elle a déjà travaillé à quelques projets, l'un portant sur sa romance malheureuse avec Jacques – *ô Jacques* –, un autre prenant la tournure d'une diatribe contre l'Église, mais aucun n'a su la satisfaire. Dans ses textes, Simone veut *tout* dire sur un thème. Pas étonnant qu'elle abandonne chaque fois en cours de route.

Et voilà qu'on lui présente Monsieur Créatif: Sartre, qui enchaîne mélodies, poèmes ou encore fables tandis que Simone s'arrache les cheveux pour trouver ne serait-ce qu'un thème sur lequel écrire. Sartre, au fond, a davantage confiance en elle qu'elle-même, et il l'encourage à ne rien lâcher. Il est persuadé qu'elle *doit* devenir écrivaine. Après l'agrégation, tandis que Sartre part faire son service militaire, Simone décide de rester à Paris. Elle a peur d'atterrir en province si elle demande un poste de professeure – ce qui arrive très souvent aux jeunes enseignant·es – et elle souhaite passer autant de temps que possible à écrire. Pour gagner sa vie, elle donne des leçons privées et des cours de latin au lycée Victor-Duruy. Si en théorie Simone a désormais tout le temps nécessaire pour se consacrer à l'écriture, en pratique elle manque cruellement d'inspiration. Elle n'a plus ses parents sur le dos, vit désormais comme elle l'entend et a même trouvé le partenaire idéal pour ce faire. Aucune difficulté n'est là pour l'inspirer, elle ne ressent aucun besoin brûlant de prendre la plume : plus rien ne la motive maintenant que tout va bien dans sa vie !

Sartre, en permission à Paris, croit rêver: que fait Simone à traîner de-ci de-là au lieu de travailler? Georges n'est pas ravi non plus. Lorsqu'on lui demande des nouvelles de sa fille aînée, il répond, dépité: «Elle fait la noce à Paris.»[16] Simone a désormais rempli toutes ses obligations et prend soin d'éviter sa famille autant que possible – sauf ses parents et sa sœur. Le soir, elle retrouve Henriette Nizan, Hélène ou ses amies Stépha et Gégé, fait la tournée des bars et se couche rarement avant deux heures du matin. Elle essaie également d'écrire sur ses sentiments à la mort de Zaza en 1929 mais n'y parvient pas. «Je travaillais sans conviction; j'avais l'impression tantôt de m'acquitter d'un pensum, tantôt de me livrer à une parodie. De toute façon, rien ne pressait. J'étais heureuse, pour l'instant, ça suffisait. Et puis non, ça ne suffisait pas. C'était tout de même bien autre chose que j'avais attendu de moi.»[17]

CINQ AUTRICES ET AUTEURS QUE SIMONE ADORE

Franz Kafka (1883-1924)
Simone et Sartre découvrent Kafka en 1928, *La Métamorphose* étant au sommaire de *La Nouvelle Revue Française*. Du *Procès*, qui paraît en France en 1933, Simone dit que «c'était un des livres les plus rares, les plus beaux que nous ayons lus depuis longtemps»[18]. Kafka est un auteur qui leur parle, les thèmes qu'il aborde les concernent directement:

« il nous découvrait nos problèmes, en face d'un monde sans Dieu et où pourtant notre salut se jouait. »[19]

Virginia Woolf (1882-1941)
Dans une interview de 1965, Simone explique que Woolf est l'une des écrivaines qui l'a le plus intéressée[20]. Simone la cite à de nombreuses reprises dans *Le Deuxième Sexe* et recommande notamment *Une chambre à soi* (1929). Elle admire particulièrement le style de Woolf et son utilisation de la langue[21].

Stendhal (1783-1842, de son vrai nom Henri Beyle)
Stendhal est l'un des premiers représentants du réalisme en littérature et pour Simone, il est « peut-être notre plus grand romancier »[22]. Elle adore *Le Rouge et le Noir*, paru en 1830.

George Eliot (1819-1880, de son vrai nom Mary Anne Evans)
Simone lit *Le Moulin sur la Floss* (1860) vers onze ou douze ans. Se sentant seule et incomprise, elle s'identifie à la jeune Maggie Tulliver, tiraillée entre envie et devoir dans un milieu bourgeois et conservateur. Simone voit en George Eliot un modèle, elle aussi souhaite devenir une « légende »[23].

Katherine Mansfield (1888-1923)
L'année où elle enseigne à Marseille, Simone, déterminée à faire de sa vie un roman, est très inspirée par le *Journal* et les *Lettres* de Katherine Mansfield:

«Je trouvais romanesque ce personnage de "femme seule" qui lui avait tant pesé. Je me disais que moi aussi, je l'incarnais (...).»[24]

La douceur de la vie parisienne prend fin à l'automne 1931 lorsque Simone obtient un poste de professeure de philosophie à Marseille. Livrée à elle-même et n'enseignant que quelques heures par semaine – l'avantage d'être agrégée – elle a beaucoup de temps pour écrire. Ce projet de roman devrait enfin pouvoir voir le jour. Elle souhaite à nouveau aborder le décès de Zaza, mais n'est pas convaincue par ce qu'elle écrit: ce n'est pas à Marseille qu'elle deviendra écrivaine. En 1932 elle fait ses valises pour Rouen. Le Nord de la France sera-t-il propice à l'écriture? Plus ou moins: elle commence un nouveau roman sur Zaza, qu'elle termine cette fois, mais n'est toujours pas satisfaite et décide de n'en garder que certaines parties. Elle les utilisera plus tard dans un recueil de nouvelles. Elle semble lancée mais la voilà rapidement distraite par son histoire avec Olga et le trio qu'elles finissent par former avec Sartre. Ce n'est qu'à son retour à Paris, en 1936, que Simone se remet véritablement à écrire. En 1937, une infection des poumons la cloue au lit pour de longs mois, lui donnant l'occasion de retravailler ses premiers textes (qui sortiront bien des années après sous le titre *Anne, ou quand prime le spirituel*). Chacune des cinq nouvelles composant le recueil a pour titre un prénom féminin et traite de la découverte de soi – et des obstacles rencontrés par chaque jeune femme tout au long de ce processus. Marcelle, Chantal, Lisa, Anne et Marguerite souffrent des obligations morales et religieuses inhérentes à leur milieu. Simone a mis beaucoup d'elle-même dans ces nouvelles, et beaucoup de Zaza dans le personnage d'Anne: «Je me limiterais aux choses, aux gens que je connaissais; j'essaierais de rendre sensible une vérité que j'avais personnellement éprouvée.»[25] *Anne, ou quand prime le spirituel* est le premier texte littéraire dont Simone est à peu près fière. Sartre ne tarit pas d'éloge et veut absolument donner le manuscrit à Brice Parain, qui travaille alors chez Gallimard. Simone est certaine que le livre y sera publié et en parle déjà à tout le monde mais Gallimard le refuse, et Grasset à sa suite. Dans ses mémoires, Simone raconte que Brice Parain a trouvé le livre «mal bâti dans l'ensemble, terne dans le détail»[26], mais elle dira plus tard à Deirdre Bair, sa biographe: «Sartre me dit que "d'après Brice Parain" cela n'avait rien à voir avec moi ou la qualité de mon texte, mais que Gallimard ne comprenait pas les livres écrits par des femmes qui traitaient de la vie de femmes de ma génération et de mon milieu; que la France moderne et l'édition française n'étaient pas encore prêtes à s'occuper de ce que les femmes pensaient, sentaient et voulaient; qu'on les qualifierait d'éditeurs subversifs s'ils publiaient un tel livre et qu'ils ne pouvaient prendre le risque d'offusquer toute sorte de commanditaires et de critiques.»[27] C'est tout à fait possible. Bien que le style ne soit pas particulièrement avant-gardiste, les thèmes abordés par *Anne, ou quand prime le spirituel* ne passent pas du tout dans les milieux conservateurs. Simone est en avance sur son temps, à tel point que ce recueil de nouvelles ne paraîtra qu'en 1979, soit quarante ans après qu'elles aient été écrites.

DE L'IMPORTANCE DE LA ROUTINE

Simone fait partie de ces gens qui ne savent pas décrocher lorsqu'ils sont en vacances. Le «temps libre»? Connaît pas. Sa vie parisienne suit une routine stricte. Elle se lève entre huit et neuf heures, puis quitte sa chambre d'hôtel pour rejoindre l'un de ses cafés de prédilection, le Flore ou les Deux Magots, par exemple. Elle y commande un café, lit le journal et se met au travail vers dix heures en commençant par relire ce qu'elle a écrit la veille. Elle fait quelques corrections puis reprend l'écriture là où elle en était. À treize heures elle rejoint Sartre et/ou des ami·es pour déjeuner. Elle écrit ensuite jusqu'à neuf heures du soir environ, souvent aux côtés de Sartre. S'ils n'ont rien de prévu, ils sortent manger quelque part puis vont au cinéma ou boivent un verre de whisky en écoutant de la musique. Une routine immuable, même quand ils en auront marre de la vie à l'hôtel. Lorsque Simone louera un petit studio en 1948 et qu'à la mort de son beau-père, Sartre emménagera chez sa mère, c'est chez lui qu'ils se retrouveront l'après-midi pour travailler. Si elle a besoin de faire des recherches, Simone passe la matinée à la bibliothèque. «Chaque matin quatre heures à la Nationale, déjeuner avec une amie ou une autre, l'après-midi travail dans le bureau de Sartre, dîner avec lui dans quelque restaurant et enfin scotch-and-soda dans quelque bar. Je me couche à minuit et je recommence», écrit-elle en 1948 à Nelson Algren[28]. Elle est alors en pleine rédaction du *Deuxième Sexe*.

Venue pour rester

Bien que blessée par le refus de Gallimard, Simone décide de se lancer dans un nouveau projet. Le problème demeure néanmoins le même: elle ne sait pas sur quoi écrire. Sartre lui reproche sa timidité: ses thèmes sont importants mais elle les traite toujours par voies détournées, en parlant d'autres personnes. «Enfin! Pourquoi ne vous mettez-vous pas en personne dans ce que vous écrivez?, me dit-il avec une soudaine véhémence. Vous êtes plus intéressante que toutes ces Renée, ces Lisa...»[29] Simone a peur de trop s'investir et que la littérature devienne «quelque chose d'aussi grave que le bonheur et la mort.»[30] Prenant son courage à deux mains, elle choisit pourtant de suivre les conseils de Sartre. Son prochain roman parlera d'un sujet qui la préoccupe depuis toujours: l'Autre. Simone est en effet fascinée par le fait que l'Autre ait, comme elle, une conscience. Ainsi naît son premier roman: *L'Invitée*, dans lequel elle évoque sa relation malheureuse avec Sartre et Olga –«la littérature apparaît lorsque quelque chose dans la vie se dérègle. »[31] Son quotidien n'est plus ce long fleuve tranquille. Ces dernières années elle a connu la solitude, la jalousie, l'échec, elle a été malheureuse, insatisfaite... de quoi lui inspirer tout un roman. *L'Invitée* raconte l'histoire de Françoise, écrivaine, et de son concubin acteur et réalisateur, Pierre, symboles de la Bohème parisienne des années 1930. Leur relation est une relation libre, basée sur l'honnêteté absolue. Ils travaillent ensemble, échangeant constamment leurs idées et points de vue. Tout va pour le mieux jusqu'au jour où la provinciale Xavière entre dans leur vie. Xavière est mélancolique, capricieuse et imprévisible. Le couple est fasciné par cette jeune créature pleine de contradictions qui a tendance à se laisser porter par la vie. Grâce à elle, ils prennent du recul sur leur relation et décident de se lancer dans un trio – comprendre un ménage à trois. Mais l'expérience est loin d'être facile et rapidement, Françoise ne voit plus la présence de Xavière comme une stimulation mais comme une menace. Observant sa relation à Pierre d'un autre œil, elle s'inquiète de l'état de leur couple: « Tu ne t'en rends même pas compte, dit-elle, ce n'est pas étonnant. Tu y tiens tellement à cet amour que tu l'as mis en sécurité hors du temps, hors de la vie, hors de portée; de temps en temps tu y penses avec satisfaction, mais qu'est-ce qu'il est devenu, pour de vrai, tu ne regardes jamais. »[32]

Le roman est habité par la « problématique de l'Autre », lorsqu'une conscience se retrouve confrontée à une autre conscience et que le «je», qui se considérait jusqu'alors comme l'absolu avec un grand A, se retrouve menacé par cet autre «je». L'Autre a sa propre façon de me voir et de voir le monde. La question n'est donc plus seulement de savoir comment je vois l'Autre mais comment Il me perçoit, sachant qu'une même situation peut être interprétée différemment par tous les individus qui l'observent. En plus d'explorer un thème philosophique fondamental, *L'Invitée* est écrit d'un point de vue existentialiste. De nombreux dialogues en sont l'exemple: «(...) le temps n'est pas fait d'un tas de petits morceaux séparés dans lesquels on puisse s'enfermer successivement [dit Pierre à Xavière]; quand vous croyez vivre tout simplement au présent, bon gré, mal gré, vous engagez l'avenir.[33]»

L'Invitée n'est pas un traité philosophique pour autant: Simone insuffle vie à ses personnages et explore à travers eux les relations humaines – désir, jalousie, amour –, des sentiments qui s'expriment souvent chez elle par l'intermédiaire du corps (par la danse ou sous la forme de maladies). Maurice Merleau-Ponty fera plus tard de *L'Invitée* le prototype du roman métaphysique représentant l'individu dans toute sa subjectivité. Simone est plus critique à l'égard de son premier roman et particulièrement de son dénouement – attention, spoiler! – le meurtre de Xavière par Françoise. Pour beaucoup, c'est un peu exagéré, voire sorti de nulle part compte tenu du déroulé de l'action. Simone l'admet: «(...) j'ai échoué à faire basculer le quotidien dans la tragédie.»[34] Ce meurtre répond pourtant à la citation de Hegel placée en exergue du livre: «Chaque conscience poursuit la mort de l'autre.» Tout le monde aura compris qu'avec ce roman, Simone opère un retour sur sa propre relation à Sartre et Olga – d'ailleurs elle ne nie pas s'être inspirée de celle-ci pour Xavière en la «défigurant systématiquement»[35].

Règles à suivre

On retrouve dans *L'Invitée* beaucoup d'éléments caractéristiques de l'œuvre de Simone. Toujours à la recherche de nouvelles idées et techniques qu'elle pourrait adapter dans ses propres livres, elle puise autant dans la littérature classique que contemporaine. L'une de ses grandes influences littéraires est Ernest Hemingway. Comme lui, elle refuse les descriptions dites objectives car les «paysages, décors, objets sont toujours présentés selon la vision du héros, dans la perspective de l'action»[36]. Elle le rejoint également dans sa volonté de reproduire le langage «parlé» dans les dialogues. Comme Fiodor Dostoïevski et Dashiell Hammett, Simone estime que «toute conversation doit être en action, c'est-à-dire modifier les rapports des personnages et l'ensemble de la situation»[37]. Les romans beauvoiriens comprennent ainsi beaucoup de dialogues, les conversations alternant avec les monologues intérieurs. John Dos Passos lui inspire son «œil photographique», «[permettant] à l'auteur de faire accepter au lecteur ce qu'on veut qu'il pense d'un personnage, tout en orientant et en dirigeant ce que le lecteur devrait penser et savoir»[38] et D. H. Lawrence la pousse à donner des «racines» aux protagonistes, à les doter d'un passé. Simone s'intéresse particulièrement à la littérature anglophone (elle lit aussi William Faulkner). Par contre le Nouveau Roman, ce mouvement littéraire qui voit le jour en France dans les années 1950 avec l'objectif affiché de renouveler le genre romanesque, ne la convainc qu'à moitié. Ses textes sont plutôt traditionnels – même si, dans *Le Sang des autres*, elle tente quelques expérimentations stylistiques qui lui feront croire un instant avoir inventé une toute nouvelle forme de narration. Parmi les règles que Simone s'oblige à suivre, il en est une qu'elle a établie avec Sartre: leurs personnages ne doivent rien savoir de la suite. «À chaque chapitre, je coïncidais avec un de mes héros, je m'interdisais d'en savoir ou d'en penser plus long que lui.»[39] Les romans de Simone font souvent alterner les points de vue pour montrer qu'il existe plusieurs perceptions possibles d'une seule et même situation, qu'il existe plusieurs consciences. Ainsi, le narrateur – et sujet d'un chapitre – se retrouve objet de l'interprétation d'un autre narrateur dans le suivant. Les différents personnages se répondent les uns aux autres pour livrer une perspective multidimensionnelle. Le plus souvent, Simone fait alterner voix féminine et voix masculine comme dans *Le Sang des autres* ou *Les Mandarins.*

L'Invitée paraît en 1943, pendant l'Occupation allemande. Les critiques sont élogieuses. À son retour à Paris, en octobre, après plusieurs semaines de vacances, Simone est un peu dépassée par l'attention qu'on lui porte. Tout le monde veut la connaître et se presse au

« Une voix disait :
il faut écrire ;
nous obéissions,
nous couvrions
des pages d'écriture :
pour aboutir à quoi ?
Quels gens nous liraient ?
Et que liraient-ils ?
Le chemin rigoureux
sur lequel une fatalité
nous emportait
s'enfonçait dans
une nuit indéfinie. »[40]

Flore pour tenter de l'apercevoir ou d'échanger quelques mots avec elle. C'est certes flatteur, mais pas question de se reposer sur ses lauriers pour autant. Simone travaille déjà à un prochain roman et entre dans sa «période morale»[41] comme elle l'appelle, à laquelle appartiennent *Le Sang des autres* et *Tous les hommes sont mortels* mais aussi plusieurs articles de presse, des essais philosophiques et sa pièce de théâtre *Les Bouches inutiles*. Avec la guerre en arrière-plan, Simone est à la recherche d'une morale: «Je ne prenais plus ma spontanéité pour règle; je fus donc amenée à m'interroger sur mes principes et mes buts.»[42]

L'écriture du *Sang des autres* lui pose quelques difficultés. Le roman a pour protagonistes deux amants – Jean et Hélène – vivant dans le Paris occupé, mais Simone souhaite ajouter une dimension existentialiste. Aussi, tandis que Jean fait l'expérience du collectif et assume ses responsabilités envers autrui, Hélène, détachée de tout, n'en fait qu'à sa tête jusqu'à ce qu'elle réalise à travers son amant que tout individu a des responsabilités à l'égard des autres et qu'elle rejoigne la Résistance. Le roman explore ainsi les notions de liberté, de responsabilité, d'engagement mais aussi le thème préféré de Simone: l'Autre. Comment faire cohabiter réalité universelle et expériences individuelles? La liberté est une condition nécessaire de l'existence d'un individu, mais que se passe-t-il quand une liberté individuelle se retrouve confrontée à une autre? Simone veut montrer qu'une action n'est jamais sans conséquences pour autrui. Se simplifier la vie en refusant d'agir?

Impossible, car choisir de ne pas agir, c'est déjà agir: «Évidemment, si on se regarde comme une fourmi dans une fourmilière, on ne peut rien à rien. Je ne dis pas que j'aurais pu arrêter l'entrée des nazis en étendant les bras. (...) Pourtant, si nous avions tous étendus les bras... (...) Nous sommes tous responsables. Mais tous, ça veut dire chacun.»[43]

Cette phrase de Jean – assez moralisatrice il est vrai –, permet de mieux cerner ce que Simone entend par «période morale». À sa sortie en 1945, *Le Sang des autres* est rapidement catalogué «roman sur la Résistance» et connaît un franc succès. Simone, toujours très critique envers elle-même, trouve que ses personnages manquent «d'épaisseur» et ne se définissent que par des «attitudes morales»[44]. Elle se réjouit tout de même du succès du livre – moins de l'étiquette «existentialiste» qu'on lui colle désormais.

Choisir son camp

C'est fait: Simone est écrivaine. Et elle va avoir beaucoup de temps pour écrire puisqu'elle a perdu son poste d'enseignante pendant la guerre, le régime de Vichy ne l'ayant vraisemblablement pas trouvée assez patriote à son goût. L'autre bonne nouvelle, si l'on peut dire, c'est qu'elle n'a plus aucun mal à trouver les thèmes de ses livres. Au fil de ses publications, Simone gagne en confiance – c'est en forgeant qu'on devient forgeron –, et surtout, l'expérience de la guerre l'a changée: «Depuis la déclaration de guerre, les choses avaient définitivement cessé d'aller de soi; le malheur avait fait irruption dans le monde: la littérature m'était devenue aussi nécessaire que l'air que je respirais.»[45] Lorsqu'elle ne trouve pas de réponses dans les livres, elle attrape son crayon. Écrire, pour elle, c'est aussi (se) chercher. Elle enchaîne alors les publications: romans (*Tous les hommes sont mortels* en 1946, *Les Belles Images* en 1966), essais (dont *Le Deuxième Sexe* en 1949), récits de voyage (*L'Amérique au jour le jour* en 1950), nouvelles (dont *La Femme rompue* en 1968) et, bien entendu, mémoires. C'est grâce au *Deuxième Sexe* qu'elle accède enfin à la célébrité. On ne le sait pas toujours mais le livre est, en quelque sorte, le fruit du hasard. Tout commence avec *L'Âge d'homme*, l'autobiographie de Michel Leiris, que Simone a lue et appréciée au point qu'elle lui a donné envie d'écrire sur son enfance à elle. Mais, elle s'en rend compte assez vite, l'enfance d'une femme est bien différente de celle d'un homme. Si elle veut parler d'elle-même, elle doit commencer par parler des femmes en général et met donc la rédaction de ses mémoires de côté (elle n'y reviendra que dix ans plus tard!).

MICHEL LEIRIS (1901-1990) ETHNOLOGUE, ÉCRIVAIN & MODÈLE À SUIVRE

S'il est un homme qu'on peut qualifier de polyvalent, c'est bien Michel Leiris. Issu d'une famille bourgeoise qui le pousse à étudier la chimie, Michel est connu pour son travail d'ethnologue, d'écrivain, de rédacteur, de critique d'art et de philosophe, mais pas de chimiste, ayant assez rapidement abandonné ce domaine pour fréquenter à la place les surréalistes parisien·nes. Secrétaire de rédaction à la revue *Documents* en 1929, il est invité deux ans plus tard à prendre part à la mission ethnographique Dakar-Djibouti pour tenir le journal de bord de l'expédition, qui devient rapidement un journal intime. Publié en 1934 sous le titre *L'Afrique fantôme*, celui-ci mélange de façon poétique observations ethnographiques et expériences personnelles. Michel considère l'écriture comme sa véritable vocation. Il souhaite écrire son autobiographie mais n'arrive à se lancer qu'après avoir démarré une psychanalyse. *L'Âge d'homme* paraît en 1939 et dépoussière le genre: Michel se prend lui-même comme objet d'introspection et s'analyse à l'aide de méthodes ethno-anthropologiques. Simone admire son travail et est ravie de faire sa connaissance en 1943. Sartre et elle se lient d'amitié avec Michel et sa femme, Louise («Zette»). Le couple connaît le tout Paris et organise de nombreux dîners. C'est chez eux que Simone fait la connaissance de Pablo Picasso et de Jacques Lacan, entre autres. Et c'est aussi chez eux qu'a lieu la lecture de la première pièce de Picasso, dirigée par Camus et à laquelle assistent Sartre, Simone et Lacan. Simone, qui passe beaucoup de temps à travailler seule à ses livres, se réjouit de l'hospitalité des Leiris. Michel et Zette l'impressionnent, Michel par son talent littéraire,

Zette par sa beauté et son intelligence. Pendant la Seconde Guerre mondiale, le couple cache des Juif·ves et aide des artistes recherché·es. Michel est proche du réseau résistant dit «Réseau du Musée de l'Homme», l'un des tout premiers mouvements de la Résistance française, actif dès juin 1940. Très influencé par la théorie de Sartre sur la littérature engagée, il participe à la création de la revue *Les Temps Modernes* après la guerre. Comme Simone et Sartre, il milite pour l'indépendance de l'Algérie mais son activité principale demeure l'écriture: sa vie est un questionnement permanent. À l'aise dans presque tous les genres, il gardera un intérêt constant pour les questions ethnologiques. Michel aime aller au fond des choses, préférant l'analyse des crises sociales aux grandes théories abstraites. La littérature est pour lui une quête de soi autant qu'une forme de conversation – vision qu'il partage avec Simone.

Avec *Les Mandarins*, qui reçoit le prix Goncourt en 1954, Simone obtient la reconnaissance du public en plus de celle de la critique. Elle avait pourtant peur de commencer un nouveau livre et avait longtemps réfléchi à l'idée avant de se mettre à écrire, *Tous les hommes sont mortels* s'étant fait descendre par la critique et *Le Deuxième Sexe* n'ayant pas été épargné. Au début Simone hésite, rature, recommence et n'a aucun espoir de mener ce projet à terme. Contrairement à d'habitude, Sartre lui-même ne sait rien de ce nouveau projet. Le thème qu'elle a choisi, la place des intellectuel·les dans la France d'après-guerre, la touche particulièrement: «Comme autrefois, dérangeant ma vie privée, l'échec avait suscité *L'Invitée*, il me donna du recul par rapport à ma récente expérience et le désir de la sauver avec des mots (...). Seul un roman pouvait à mes yeux dégager les multiples et tournoyantes significations de ce monde changé dans lequel je m'étais réveillée en août 1944: un monde changeant et qui n'avait plus cessé de bouger.»[46] La guerre froide divise le monde en deux blocs: le bloc de l'Ouest, réuni derrière les États-Unis, et le bloc de l'Est, mené par l'Union soviétique. Entre les deux, la gauche française fait le grand écart. S'affrontent en son sein le Parti communiste français, divers courants socialistes, et la SFIO (Section française de l'Internationale ouvrière, qui deviendra plus tard le Parti socialiste). Les intellectuel·les français·es se retrouvent obligé·es de choisir – Simone y compris. La Quatrième République s'installe difficilement, chaque gouvernement ne tenant pas plus de quelques mois. Les conservateurs ont souvent la majorité et Simone regrette ce «retour triomphant de la domination bourgeoise»[47]. L'écriture des *Mandarins* lui permet ainsi de s'attaquer au dilemme auquel font face les intellectuel·les français·es dans les années quarante. «Mandarins» était le nom donné par les Occidentaux aux lettrés-fonctionnaires de l'ancien Empire chinois, le titre est donc légèrement ironique puisqu'elle qualifie ainsi les intellectuel·les parisien·nes de gauche dont elle est proche et qu'elle côtoie, un groupe assez élitiste et coupé du reste de la population.

L'ambiance du roman est teintée de mélancolie et de déception. Comme dans *Le Sang des autres*, le thème est celui de la responsabilité et des choix individuels, mais les circonstances sont cette fois différentes. La période de la Résistance avait quelque chose d'héroïque, il était alors facile de distinguer le Bien du Mal, le Juste de l'Injuste, un peu comme dans les livres d'enfant de Simone, mais dans la France d'après-guerre, il est bien plus difficile de définir ce qui est juste. Les intellectuel·les sont tiraillé·es entre la volonté d'agir et l'inefficacité des actions. Ils et elles ont peur de perdre leur intégrité morale, voire leur liberté. Autant de conflits intérieurs incarnés par les personnages des *Mandarins*. L'histoire du livre croise deux points de vue, celui d'Henri Perron, journaliste, écrivain et ancien Résistant, et celui d'Anne Dubreuilh, psychanalyste. Anne est mariée au philosophe Robert Dubreuilh, de vingt ans son aîné; ensemble ils ont une fille adulte, Nadine. Henri souhaite préserver son indépendance intellectuelle et politique tandis que Robert cherche à le rallier, lui et son magazine *L'Espoir*, à son projet de fonder un parti de gauche indépendant non communiste. Anne n'est pas heureuse dans son couple, Robert étant pour elle davantage un ami, voire une figure paternelle, qu'un amant. Elle cherche un moyen de sortir de cette situation, mais même sa liaison avec un Américain ne la délivre pas de son sentiment de solitude. *Les Mandarins* explore plusieurs thèmes, celui du conflit de conscience, de l'opposition pensée/action, de l'engagement, de l'authenticité et de la volonté de faire

«C'est essentiellement dans le domaine de la création littéraire que j'ai fait usage de ma liberté; on écrit à partir de ce qu'on s'est fait être, mais c'est toujours un acte neuf.»[48]

«le bien», dressant ainsi un large panorama de la scène intellectuelle française et des débats qui l'agitent.

On parle souvent des *Mandarins* comme d'un roman à clé, dont les personnages correspondraient à des personnes réelles. Robert Dubreuilh serait ainsi Jean-Paul Sartre, Henri Perron Albert Camus, et Anne Dubreuilh serait le double littéraire de Simone... qui s'est pourtant très vite opposée à cette interprétation. «Pour nous représenter, je forgeai un grand nombre de personnages (...)»[49]. Des personnages inspirés, certes, de l'entourage de Simone – Nelson Algren déteste d'ailleurs Louis Brogan, son double de papier – mais qui ne sont en aucun cas les copies conformes de Sartre, Camus et compagnie. Le roman ne se veut pas non plus un témoignage sur la France d'après-guerre: «Peu importe dans quelle mesure et de quelle manière la fiction s'inspire du donné: elle ne s'édifie qu'en le pulvérisant pour le faire renaître à une autre existence.»[50] Simone dément également l'affirmation selon laquelle *Les Mandarins* serait un roman à thèse avec une volonté politico-propagandiste: elle ne propose aucune solution aux problèmes abordés dans le roman. *Les Mandarins* semblent en tout cas parler à beaucoup de monde: 40 000 exemplaires sont vendus en un mois seulement. On parle très vite du prix Goncourt mais à quarante-six ans, Simone se pense trop vieille pour l'obtenir. Un tel prix lui serait pourtant bénéfique: les ventes du livre primé explosent dans les semaines qui suivent, et avec cet argent, Simone pourrait s'acheter un appartement... ce qu'elle fera quelques mois plus tard, prix Goncourt en poche. C'est dans cet appartement situé rue Schœlcher, dans le quatorzième arrondissement de Paris (à quelques rues seulement de la maison où elle est née), qu'elle vivra jusqu'à sa mort.

RECOMMANDATIONS DE LECTURE À NELSON ALGREN

En bon rat de bibliothèque, Simone a une liste de livres favoris qu'elle souhaite naturellement faire découvrir à son Crocodile. On trouve, dans les *Lettres à Nelson Algren*, de nombreuses recommandations de lectures, et pas que des classiques ! La preuve:

Le Zéro et l'Infini d'Arthur Koestler (1940): «*Le Zéro et l'Infini*, c'est du travail admirable, je l'ai lu d'une traite, en une seule nuit, tant il me passionnait (...).»[51]

Les Jours de notre mort de David Rousset (1947): «Je me souviens de vous avoir mentionné cet homme qui, au bout de trois ans de Buchenwald, a écrit deux excellents livres, les meilleurs, sur son expérience.»[52]

La Peste d'Albert Camus (1947): «Je ne suis pas d'accord avec tout, mais il manie un beau français, et certaines parties émeuvent et parlent au cœur.»[53]

Journal du voleur de Jean Genet (1949) : « Il a terminé récemment un récit, de premier ordre, évoquant sa vie de prostitué en Espagne, dans sa jeunesse, une vie d'une effrayante dureté. »[54]

Le Questionnaire d'Ernst von Salomon (1951) : « Ce n'est pas un roman, mais un reportage de ce qu'a authentiquement vécu un certain Ernst von Salomon (...). Il part de la liste de questions auxquelles tout Allemand a été obligé de répondre par ordre de la police américaine : il y en a 131 ! Il répond exhaustivement et s'arrange, grâce à ce stratagème, pour relater l'histoire de sa vie entière. »[55]

Devenir soi

Octobre 1956. Désormais installée dans son appartement, Simone s'attelle à son prochain grand projet : la rédaction de ses mémoires – ce qui n'est pas une mince affaire. Elle veut absolument écrire sur son enfance mais « il me semblait outrecuidant de tant parler de moi. »[56] À nouveau, elle a du mal à écrire et s'énervera plus tard contre celles et ceux qui pensent que rédiger ses mémoires, « ça s'écrit au courant de la plume ».[57] Simone se plonge dans ses journaux intimes et les articles de presse de l'époque pour retrouver celle qu'elle était alors : « Pendant dix-huit mois, avec des hauts, des bas, des difficultés, des joies, je m'attachai à cette résurrection : une création, car elle faisait appel à l'imagination et à la réflexion autant qu'à la mémoire. »[58]

Les mémoires de Simone, savamment racontées, relèvent en partie de la fiction. D'ailleurs Simone n'affirmera jamais y avoir écrit toute la vérité. Au début du deuxième tome (*La Force de l'âge*), elle prévient ses lecteurs et lectrices: « Je laisserai résolument dans l'ombre beaucoup de choses. »[59] L'écriture ne lui sert pas à livrer les détails intimes de sa vie mais à faire de sa vie une histoire à raconter. Dans les *Mémoires d'une jeune fille rangée*, premier tome – et stylistiquement le plus ambitieux des quatre –, Simone fait de l'enfant qu'elle était une héroïne de roman: une jeune femme réussissant à s'extraire et de la maison parentale, et de son milieu d'origine pour suivre sa propre voie. Le texte est parfois teinté d'ironie – la Simone qui écrit prenant ses distances avec la jeune femme naïve qu'elle a été autrefois – et utilise le vocabulaire existentialiste pour parler de celle qui mûrit au fil des pages. Ici, « existence »: « Je m'agitais, guettant le mot qui m'arracherait à mes limbes et qui me ferait exister dans leur monde à eux, pour de bon. »[60] Là, « conscience »: « Non seulement les adultes brimaient ma volonté, mais je me sentais la proie de leurs consciences. »[61] Simone montre comment elle est devenue Simone de Beauvoir et ce qui l'a marquée tout au long de ce processus. Zaza tient une grande place dans le livre. Simone avait tant de fois échoué à écrire sur son amie et sur sa peine… c'est la forme autobiographique qui lui permet enfin de raconter qui était Zaza et la place qu'elle a eue dans sa vie. Le livre s'arrête d'ailleurs à la mort de Zaza. Liberté et indépendance – l'obsession de la jeune Simone – doivent se conquérir, et cela n'est possible qu'en assumant la responsabilité de ses actes, aussi petits soient-ils. Chaque décision représente un pas dans une direction, rapproche, ou éloigne, de la liberté tant souhaitée.

Les *Mémoires d'une jeune fille rangée* paraissent en 1958 et font beaucoup de bruit. Encore aujourd'hui, de nombreux critiques estiment qu'il s'agit de l'œuvre de Simone la plus importante et la plus réussie. Simone reçoit quantité de lettres de femmes qui la remercient et beaucoup veulent connaître la suite. Que se passe-t-il après la mort de Zaza? N'ayant pas envisagé cette fin comme un *cliffhanger*, Simone est flattée par l'intérêt qu'on porte à ses souvenirs. Elle décide donc de poursuivre son récit. *La Force de l'âge* paraît en 1960, *La Force des choses* en 1963 et *Tout compte fait* en 1972. Lorsque Gallimard annonce à Simone que 40000 exemplaires de *La Force de l'âge* ont été commandés avant même la sortie du livre, Simone craint d'être devenue «un fabricant de best-seller»[62] dont le seul nom – et non la qualité littéraire – suffit à faire vendre. Il est évident que le livre se vend bien *aussi* parce qu'on veut connaître les détails de la relation Sartre-Beauvoir… mais beaucoup seront déçus: Simone ne dit rien de leur vie intime, se contentant d'évoquer le célèbre pacte. Ses livres nous apprennent plutôt ce que la «jeune fille rangée» a fait de sa liberté tout juste gagnée: elle est devenue écrivaine.

L'écriture elle-même tient une place importante dans ses mémoires. Simone ne s'en cache pas: écrire n'a jamais été simple pour elle. Cela a toujours été un travail difficile, en raison, aussi, de son genre:
«En France, si vous écrivez, être femme c'est donner des verges pour vous battre. Surtout à l'âge que j'avais quand j'ai commencé à être publiée. Une très jeune femme, on lui accorde une indulgence égrillarde. Vieillie, on lui tire des révérences. Mais la première fraîcheur perdue, sans avoir acquis encore la patine de l'ancienneté, osez parler: quelle meute!»[63]

VIOLETTE LEDUC (1907-1972) ÉCRIVAINE & FILLE DE PAGES ET D'ENCRE

En octobre 1947, Simone raconte à Nelson Algren être allée dîner avec une «femme laide»: «Solitaire, lesbienne au fond du cœur, elle est de beaucoup la plus hardie des femmes que je connaisse, aussi hardie dans le contenu de ce qu'elle exprime que dans sa façon de l'exprimer.»[64] Violette Leduc, dont il s'agit, a passé des mois à *stalker* Simone au Flore avant de lui être présentée officiellement en 1945. Elle lui fait alors des avances que Simone refuse poliment, acceptant néanmoins de lire son manuscrit – qui lui révèle tout de suite son potentiel. Violette écrit sans compromis. Elle parle avortement, bisexualité, passion obsessionnelle et raconte dans le détail ses propres expériences.

Grâce au soutien de Simone, *L'asphyxie* paraît en 1946 chez Gallimard dans la collection *Espoir*, dirigée par Camus. Le livre se vend mal, mais attire l'attention d'écrivain·es comme Nathalie Sarraute ou Jean Genet. Dans les années qui suivent, Simone relit les manuscrits de Violette et lui apporte une aide financière, même si elle a parfois du mal à gérer sa personnalité extrêmement émotive et son constant besoin d'affection. Violette souffre depuis l'enfance d'un complexe d'infériorité lié à son apparence mais aussi à ses origines: elle est une enfant illégitime. Son père, fils d'un riche bourgeois, ne la reconnaît pas à la naissance; sa mère, Berthe, est la gouvernante de la maison. Elles vivent dans une grande pauvreté jusqu'à ce que Berthe se marie. Leur situation financière s'améliore mais Violette se sent exclue et mal aimée. Elle ne cessera par la suite de s'amouracher de personnes inaccessibles: des hommes homosexuels ou des femmes qui ne lui rendent pas son amour. Après ses années d'internat à Valenciennes puis Douai, Violette vit neuf ans à Paris avec son amante et ancienne professeure de piano. Elle cumule un travail aux éditions Plon et un autre comme publicitaire. Ne gagnant que peu d'argent, il lui arrive de voler colliers et foulards en soie aux Galeries Lafayette. En 1944 elle lit *L'Invitée* et est convaincue de trouver en son autrice une âme sœur. Simone ne voit pas les choses ainsi mais endosse les rôles de muse, mentor et lectrice privilégiée. En 1964 paraît *La Bâtarde*, roman préfacé par Simone dans lequel Violette raconte son histoire. Il devient rapidement un best-seller et l'on parle même du prix Goncourt. Il marque, lui aussi, par son honnêteté radicale – raison pour laquelle il en perturbera plus d'un. Violette est pour Simone l'exemple même de ce que les femmes ont à traverser: elle a dû se battre pour obtenir sa liberté. Même si libre, Violette ne l'est pas totalement: ni dans la vie – elle est dépressive et paranoïaque – ni dans le travail – en 1954 Gallimard censure une grande partie de son roman *Ravages*, et fera de même pour *Thérèse et Isabelle* en 1966. Une femme qui (d)écrit sa sexualité, c'est un poil trop pour l'époque.

Libre d'écrire

Contrairement à la philosophie (exception faite de Léontine Zanta bien sûr), la littérature a offert de nombreux modèles féminins à Simone, ce qui a contribué en partie à la pousser dans ce choix de carrière: «En tant que femme, ces sommets me semblaient en outre plus accessibles (...): les plus célèbres de mes sœurs s'étaient illustrées dans la littérature.»[65] Simone a conquis sa liberté par l'écriture: elle s'est faite l'héroïne de sa propre histoire, une héroïne qui prend les choses en mains et sait que liberté va de pair avec responsabilité. Bien entendu, cela ne s'est pas fait en un claquement de doigts. Écrire, elle le répète souvent, a été un engagement personnel difficile, «mon œuvre personnelle a exigé de moi des recherches, des décisions, de la persévérance, des luttes, du travail»[66], mais jamais elle n'a perdu de vue son objectif. Elle voulait se rendre appréhensible dans ses livres, définir et discuter ses propres questionnements. Avant de s'attaquer à la rédaction de ses mémoires en 1956, Simone s'intéressait déjà à celle qu'elle était devenue et qui évoluait au fil des décennies, au travers de ses journaux intimes, puis de ses romans, essais et nouvelles. Son œuvre contient beaucoup d'elle-même, ainsi que la volonté de dire la vérité à ses lecteurs et lectrices:

«Dissiper les mystifications, dire la vérité, c'est un des buts que j'ai le plus obstinément poursuivis à travers mes livres. Cet entêtement a ses racines dans mon enfance; je haïssais ce que nous appelions ma sœur et moi la "bêtise": une manière d'étouffer la vie et ses joies sous des préjugés, des routines, des faux-semblants, des consignes creuses. J'ai voulu échapper à cette oppression, je me suis promis de la dénoncer.»[67]

Simone a bel et bien réussi à se soustraire à cette oppression grâce à la lecture et l'écriture. Et elle a réalisé son rêve: être reconnue et accéder, par ses livres, à une certaine forme d'immortalité. Ses limites, Simone les connaît: «Je n'ai pas été une virtuose de l'écriture»[68] écrit-elle à la fin de *Tout compte fait*, le dernier tome de ses mémoires. Elle n'a pas, comme Proust ou Virginia Woolf «ressuscité le chatoiement des sensations et capté dans des mots le monde extérieur»[69], mais ce n'était pas son intention. «Je voulais me faire exister pour les autres en leur communiquant, de la manière la plus directe, le goût de ma propre vie.»[70] En écrivant, Simone voulait influencer le monde et, si possible, le rendre meilleur. Son écriture n'était rien d'autre que sa façon de s'engager en ce sens.

LES ROMANS DE SIMONE EN UNE PHRASE (ET UN #)

L'Invitée (1943): un ménage à trois malheureux dans le Paris des années 1930 (#adeuxcestmieux)

Le Sang des autres (1945): grâce à l'amour et à la Résistance, une individualiste convaincue découvre la solidarité (#ensemblecesttout)

Tous les hommes sont mortels (1946): un homme immortel cherche un sens à sa vie (#boncourage)

Les Mandarins (1954): errements de l'intelligentsia parisienne des années 1940 (#prixGoncourt!)

Les Belles Images (1966): une femme moderne à la recherche d'elle-même (#quisuisjeouvaisje)

La Femme rompue (1969): (vieilles) femmes au bord de la crise de nerfs (#quandestcequeçasarrete)

Anne, ou quand prime le spirituel (1979): (jeunes) femmes au bord de la crise de nerfs (#Imnotagirlnotyetawoman)

«La terre me révélait
une autre de ses faces:
la violence était déchaînée
et l'injustice, la bêtise,
le scandale, l'horreur.»[1]

AGIR

CHRONOLOGIE

1933	Accession d'Hitler au pouvoir
1936	Début de la guerre civile espagnole
	Le Front populaire gagne les élections
1939	Début de la Seconde Guerre mondiale
	Sartre est appelé et envoyé à la station météorologique de Nancy
	Fin de la guerre civile espagnole
juin 1940	L'armée allemande entre dans Paris
juillet 1940	Installation du régime de Vichy
	Sartre est interné dans un camp de prisonniers allemand
1941	Sartre revient à Paris
	Fondation du groupe résistant *Socialisme et Liberté*
1943	Simone perd son poste de professeure
	Rencontre avec Albert Camus
1943-1944	Simone travaille à *Radio Nationale*
1944	Libération de Paris
1945	Fin de la Seconde Guerre mondiale
	Parution du *Sang des autres*
	Les Bouches inutiles sont jouées
	Sartre fonde *Les Temps Modernes*
1945	Procès de Brasillach
1946	Quatrième République
	Début de la guerre d'Indochine
	Simone voyage en Tunisie

1947 Simone voyage aux États-Unis

Parution de *Pour une morale de l'ambiguïté*

1948 Parution de *L'Amérique au jour le jour*

1954 Fin de la guerre d'Indochine

Début de la guerre d'Algérie

1955 Simone et Sartre se rendent en Chine

1958 Fin de la Quatrième République

1959 Charles de Gaulle devient président – naissance de la Cinquième République

1960 Simone et Sartre se rendent à Cuba et au Brésil

Simone et Sartre signent le manifeste des 121

Rencontre avec Gisèle Halimi

Engagement de Simone pour Djamila Boupacha

1962 Parution de *Djamila Boupacha*

Fin de la guerre d'Algérie

Début des voyages annuels en URSS (jusqu'en 1966)

1967 Simone et Sartre font partie du Tribunal Russell

1968 Mouvements étudiants à Paris

Printemps de Prague

« La vérité vous attaque de partout, vous ne pouvez plus continuer à balbutier: “Nous ne savions pas...”; et, sachant, pouvez-vous feindre d’ignorer ou vous borner à quelques inertes gémissements ? J’espère que non. »[2]

Si cette exhortation de Simone est si vive, c’est sans doute parce qu’elle a longtemps eu cette attitude passive, apolitique, qu’elle critique et regrette lorsqu’elle rédige en 1962 la préface du livre consacré à la résistante algérienne Djamila Boupacha.

Quand naïveté rime avec insouciance

Dans les années trente, Simone, la vingtaine, fait plutôt preuve d’une certaine naïveté. Sartre également, même s’il s’intéresse davantage à la politique. Tout ce qui leur importe, c’est vivre leur vie dans la liberté la plus absolue. « Notre existence comblait si exactement nos vœux qu’il nous semblait l’avoir choisie: nous en augurions qu’elle se soumettrait toujours à nos desseins. »[3] Ils ne se sentent attachés à aucun lieu, aucun pays, aucune classe sociale, profession ou encore génération, ils sont eux, tout simplement. Individualistes de sensibilité anarchiste, ils refusent de se laisser enfermer dans une case et estiment n’avoir de compte à rendre à personne. Rien ne les ennuie plus que de réfléchir à la notion de morale: pourquoi se soumettre à des lois quand on a la possibilité de définir ses propres règles ? Dans la pratique, Simone a néanmoins du mal

à se détacher du moralisme hérité de son éducation. Résultat : elle attend beaucoup des autres. Bref, Simone et Sartre vous jugent d'après vos actes et vos réussites, et ont tendance à oublier que tout le monde ne dispose pas de la même liberté d'action :
« Par là, notre morale demeurait idéaliste et bourgeoise ; nous imaginions que nous saisissions en nous l'homme dans sa généralité : ainsi manifestions-nous, à notre insu, notre appartenance à cette classe privilégiée que nous pensions répudier. »[4]

N'ayant alors aucune idée du monde et des structures qui le composent, ils ont tendance à confondre insouciance et liberté souveraine. Pour eux, la question d'adhérer à une organisation politique ne se pose pas une seconde. Le communisme les attire, mais ils ont une bonne excuse pour ne pas s'encarter : ne faisant pas partie du prolétariat, ils ne se sentent pas directement concernés. Rien, en fait, ne semble les concerner *vraiment*. Sartre ne prend même pas la peine d'aller voter. Et Simone ? Encore faudrait-il qu'elle en ait le droit – en tant que femme, elle devra attendre encore quelques années. Ni l'accession d'Hitler au pouvoir en 1933, ni la transformation éclair de la République de Weimar en dictature, ni la montée des extrêmes en France ne changent quoi que ce soit à leur indifférence vis-à-vis des questions politiques. Le 6 février 1934, sur fond de crise économique mondiale, l'organisation fasciste des Croix-de-Feu participe à une violente manifestation antiparlementaire qui conduit à la démission du premier ministre Édouard Daladier. En 1936, le Front populaire, qui rassemble socialistes, communistes et radicaux-socialistes gagne les élections. Face au régime national-socialiste qui s'installe en Allemagne, la France prône une politique d'apaisement, ne cherchant pas non plus à prendre position concernant la guerre civile qui déchire l'Espagne de 1936 à 1939. Simone se refuse à envisager la possibilité d'une nouvelle guerre, et tous ces événements la laissent de marbre, sauf peut-être la guerre espagnole car l'un de ses meilleurs amis (et mari de Stépha), le peintre Fernando Gerassi, est espagnol: «Aucun pays ne nous était plus proche que l'Espagne.»[5]

Bon, géographiquement parlant, l'Allemagne est tout aussi proche, mais Simone préfère ignorer ce qui s'y passe. Sartre parvient même à passer une année entière à l'Institut français de Berlin, de 1933 à 1934, sans voir dans le régime nazi une menace sérieuse. Leurs œillères bien en place, Simone et lui veulent croire que le monde continuera d'aller dans leur sens. Raté ! Le 1er septembre 1939, Hitler envahit la Pologne. La France, alliée de celle-ci, est alors obligée de déclarer la guerre à l'Allemagne. Peu préparée, l'armée française reste en repli durant les quelques semaines que dure la «drôle de guerre». Tout bascule en mai, lorsque l'Allemagne attaque les Pays-Bas, la Belgique, le Luxembourg et le Nord de la France. La Belgique et les Pays-Bas capitulent rapidement, permettant à la Wehrmacht d'envahir Paris le 14 juin 1940. Paul Reynaud, alors président du Conseil, démissionne. Philippe Pétain le remplace et signe l'armistice avec l'Allemagne le 22 juin, soumettant ainsi la France à Hitler. Le nord et l'ouest de la France sont occupés par l'armée allemande et le 10 juillet 1940 Pétain fonde le régime de Vichy. Beaucoup se rassurent en se disant que Pétain agira dans l'intérêt de la France – peut-être, sauf que cela passe selon lui par la collaboration avec le régime nazi.

Une soi-disant révolution

Avec l'arrivée des soldats allemands dans Paris, difficile pour Simone de fermer les yeux plus longtemps, d'autant que Sartre, comme Bost, ont été mobilisés. Tandis que Sartre est envoyé servir dans une station météorologique, Bost se retrouve sur le front où il se distingue par son héroïsme – il recevra plus tard la croix de guerre. Paul Nizan, l'ami de Sartre, est tué le 23 mai 1940 à Recques-sur-Hem dans le Pas-de-Calais. Il a trente-cinq ans. Lorsque Simone apprend sa mort, elle se précipite dans les toilettes du café le plus proche pour vomir[6]. Malgré la réalité qui la rattrape, Simone fait tout son possible pour vivre sa vie comme avant. Chaque jour, comme tout le monde, elle doit néanmoins faire la queue pour échanger ses tickets de rationnement contre des denrées alimentaires. Simone se met à cuisiner pour la première fois de sa vie, elle pour qui la liberté absolue passait entre autres par le refus de cette activité reléguée aux femmes. Dans sa petite chambre d'hôtel, elle fait de son mieux pour préparer des repas mangeables

pour elle et ses ami·es. À cause de l'eau qui est rarement chaude et du manque de savon, Simone cache désormais ses cheveux gras sous un turban qui deviendra plus tard son signe distinctif. Même si elle évite les bistrots et cafés où les soldats allemands se réunissent, difficile de faire comme si de rien était, la croix gammée flotte partout dans la ville. Rejetant totalement l'idéologie fasciste, Simone se sent à la fois triste et en colère:
«On pouvait, si on était optimiste, considérer [le fascisme] comme la nécessaire antithèse du libéralisme bourgeois, donc une étape vers la synthèse à laquelle nous aspirions: le socialisme; mais pour espérer un jour le dépasser, il fallait commencer par le refuser. Aucune philosophie n'aurait pu me convaincre de l'accepter; il contredisait toutes les valeurs sur lesquelles s'était bâtie ma vie.»[7]

Elle exècre également le régime autoritaire de Vichy et l'obsession de l'unité nationale que Pétain espère atteindre au moyen d'une «révolution nationale» basée sur des valeurs dites traditionnelles: «Travail, Famille, Patrie» (parce que Liberté, Égalité, Fraternité, c'est *so* Révolution française). Et quand une circulaire demande aux professeur·es d'encourager leurs élèves à participer à l'augmentation du taux de natalité, inutile de préciser que Simone ignore cette requête. Les femmes ne se résument pas à leur utérus, merci.

Voilà pour le côté «résistante» de Simone, du moins pour l'instant. À l'automne 1940, elle se retrouve obligée de signer une déclaration sur l'honneur disant qu'elle n'est ni juive, ni franc-maçonne, un compromis nécessaire si elle veut continuer à enseigner[8]. Préoccupée par sa propre situation, et très inquiète pour Bost et Sartre, elle a du mal à réaliser ce qui se passe autour d'elle. Elle se montre étrangement très distante à l'égard de Bianca Bienenfeld, son ancienne élève et amie, dont la famille a réussi à fuir aux États-Unis – la situation des juif·ves de France étant encore très incertaine. Bianca réfléchit à épouser un Américain pour pouvoir fuir elle aussi. «Elle vaticine comme une Cassandre pour changer et hésite entre le camp de concentration et le suicide avec préférence pour le suicide: elle appelle ça sentir sa destinée»[9], raconte froidement Simone dans une lettre à Sartre datant de mars 1940. Son insensibilité s'explique peut-être par le fait qu'elle ne peut – ou ne veut – pas voir la gravité de la situation. On oublie souvent que beaucoup ne comprirent qu'à la fin de la guerre ce qui se cachait derrière des termes comme «camp de concentration»[10]. Bien sûr, cela n'excuse en rien le comportement de Simone envers Bianca, surtout que dans ses mémoires, elle ne tente pas vraiment de se justifier, se souvenant plutôt avoir témoigné de la sympathie envers son amie... Elle regrettera plus tard cette attitude[11]. L'autocritique est l'une de ses plus grandes forces – même si ses mémoires ne le montrent pas toujours.

De l'inaction à l'engagement

À Paris, tandis que s'organise la Résistance, Simone se sent seule: nombre de ses ami·es ont émigré à l'étranger, Nizan est mort, Sartre a été fait prisonnier, Bost est au front. «Sans Sartre pour me diriger, j'ignorais ce que je pouvais faire ou ce qui pouvait être fait.»[12] Elle s'adapte néanmoins aux dures conditions de l'Occupation et s'oblige à garder une routine: cours au lycée, travail dans un café ou à la bibliothèque, sortie entre amies le soir et, une fois par semaine, dîner avec ses parents. «J'étais installée dans la guerre: la guerre s'était installée dans Paris.»[13] Dès le printemps 1939, peu de temps après la signature des accords de Munich et l'annexion des Sudètes par l'Allemagne, elle avait commencé à ouvrir les yeux:

«La guerre ne pouvait plus s'éviter. Mais pourquoi en était-on venu là? Je n'avais pas le droit de m'en plaindre, moi qui n'avais pas levé une phalange pour l'empêcher. Je me sentais coupable. Si seulement j'avais pu me dire: "Eh bien! je paierai; mon aveuglement, mon étourderie je les rachèterai en acceptant les conséquences." Mais je pensais à Bost, à tous les garçons de son âge qui n'avaient pas eu la moindre opportunité d'agir sur les événements; ils pouvaient à juste titre mettre en accusation leurs aînés (...).»[14]

Non seulement Simone ne se préoccupe plus uniquement d'elle-même, mais elle s'inquiète des conséquences de son inaction pour autrui. Le 8 octobre 1939 elle écrit à Sartre: «Je sais bien qu'on n'y pouvait rien, mais nous

«J'admettais, enfin, que ma vie n'était pas une histoire que je me racontais, mais un compromis entre le monde et moi.»[18]

sommes quand même de la génération qui aura laissé faire.»[15] Sartre s'intéresse de près à cette idée: «Vous m'avez vivement intéressé dans ce que vous dites sur nos responsabilités passives vis-à-vis de la génération après nous.»[16] Le terme «engagement», tel qu'il l'utilisera et le fera connaître après la libération de Paris, apparaît dans ses notes peu de temps après. Sartre pensait jusqu'ici n'avoir que des obligations individuelles envers autrui. Il reconnaît désormais l'existence d'un devoir social et politique[17]. Bien que Simone ait été la première à exprimer le concept d'«engagement», elle ne l'a jamais revendiqué. Les raisons sont nombreuses: d'abord, dans la relation qu'ils ont décidé d'entretenir, Simone et Sartre échangent idées, avis et concepts sans se demander sans cesse à qui ils appartiennent. Ensuite, Simone laisse volontiers à Sartre le soin de développer ses théories à elle. Il en va donc ainsi du thème de l'engagement: Sartre tire des réflexions de Simone une maxime qui se transforme en plan d'action après des années d'hésitations.

En mars 1941, Sartre est libéré mais les retrouvailles ne se passent pas comme prévu. Sartre vient de passer plusieurs mois à partager les rires, mais aussi – et surtout – la souffrance d'autres soldats et a (enfin!) appris le sens des mots solidarité et camaraderie. Il reproche ainsi à Simone ce qui le caractérisait lui aussi avant la guerre: son individualisme. Comment peut-elle acheter du thé au marché noir, c'est immoral! Et puis elle n'aurait jamais dû signer cette déclaration sur l'honneur.

Simone avait l'habitude des critiques de Sartre, mais le ton moralisateur qui le caractérise désormais lui donne l'impression d'être une étudiante ayant raté ses examens. « Il arrivait d'un monde que j'imaginais aussi mal qu'il imaginait mal celui où je vivais depuis des mois, et nous avions l'impression de ne pas parler tout à fait le même langage. »[19] Elle ne s'attendait pas à cette attitude mais comprend peu à peu son origine. Ces derniers mois, Sartre faisait partie d'une sorte de fraternité qui liait les prisonniers antifascistes par le serment « ne pas plier, refuser toute concession. »[20] Désormais libre, il ne compte pas pour autant renoncer à ce principe. Il veut agir. Simone n'est pas particulièrement emballée par son activisme, d'autant qu'elle pense que cela ne servira à rien. Mais Sartre finit par la faire sortir de sa bulle, et son scepticisme fait lentement place à un sentiment de culpabilité. Elle a honte de sa passivité et décide de soutenir Sartre dans ses projets.

Après les vacances de Pâques, quelques semaines seulement après sa libération, Sartre reprend son travail de professeur. Il cherche en parallèle à se faire des contacts politiques et réunit un après-midi, dans la chambre de Simone à l'hôtel Mistral, un premier groupe de résistants potentiels. Si l'un d'entre eux s'emballe à l'idée de perpétrer des attentats individuels contre des collaborateurs, le reste du groupe ne se voit pas vraiment poser des bombes ou lancer des grenades[21]. On décide à la place de se rapprocher d'autres groupes pour recueillir des informations et les partager via des tracts.

L'idée est aussi et surtout de préparer l'après-guerre, car la Gauche aura besoin d'une nouvelle doctrine – et ils aimeraient bien en être à l'origine. Le groupe se donne pour nom «Socialisme et Liberté», mais malgré toutes ses bonnes intentions, il ne rencontre pas le succès espéré. D'abord parce qu'en 1941, la Résistance ne s'est pas encore organisée en réseaux. Ensuite, parce que la figure de Sartre comme leader politique ne convainc pas grand monde. On reconnaît son engagement mais beaucoup lui reprochent son zèle et son imprudence. Socialisme et Liberté peine donc à recruter de nouveaux membres. Pendant l'été, Simone et Sartre prennent leur vélo pour parcourir le sud de la France – en zone libre – et tenter de convaincre Gide et Malraux de les rejoindre mais c'est un échec. Le groupe se dissout à la fin de l'année.

Politique? Non merci!

Sartre ne se laisse pas abattre et trouve d'autres façons de faire acte de résistance. Grâce à Camus, il entre en contact avec le mouvement *Combat*. En 1943, il rejoint le Comité national des écrivains (CNE)[22]. Au printemps 1943 paraît, malgré la pénurie de papier, *L'Être et le Néant* dans lequel Sartre développe sa théorie de la liberté. Sa pièce de théâtre *Les Mouches* est jouée à Paris en juin. La pièce reprend le mythe du retour d'Oreste dans sa ville d'Argos, plongée dans un climat de terreur dû à Clytemnestre, la mère d'Oreste, et son amant Égisthe. Grâce au soutien de sa sœur Électre, Oreste assassine le couple. Écrite en captivité, la pièce apparaît comme une critique de l'Occupation allemande et du régime de Vichy. En 1944, c'est *Huis Clos* que l'on peut applaudir sur scène. La pièce est un succès malgré le (grâce au ?) scandale qu'elle provoque. Sartre est désormais un intellectuel reconnu. Et Simone dans tout ça ? Elle a perdu son poste de professeure et se consacre à plein temps à l'écriture. Son style de vie, comme le contenu de ses cours, n'ont pas plu à ses supérieurs. En avril 1942, Gilbert Gidel, recteur de l'académie de Paris, a tenu bon d'informer le ministère de l'Éducation nationale que Mademoiselle Beauvoir habitait à l'hôtel, travaillait dans des cafés et fréquentait plusieurs hommes. Elle recommanderait par ailleurs à ses élèves des auteurs comme Gide ou Proust sans les prévenir du danger inhérent à ces lectures[23]. Ce comportement tout à fait immoral ne respectant pas les nouveaux principes de l'État français, Simone est suspendue peu après la première des *Mouches*, au prétexte d'une loi promulguée quelques années auparavant par Pétain (et qui vise surtout à épurer le corps enseignant). Perdre son statut de professeure n'est pas un problème en soi – elle préfère écrire de toute façon – mais perdre son salaire, c'est autre chose. Sartre fait jouer ses relations et lui obtient un poste à Radio Nationale, station de radio contrôlée par Vichy et basée en zone libre. Simone écrit pour des émissions d'histoire, rien de politique ou lié à l'actualité. Elle sera cependant critiquée pour sa « collaboration » au régime,

à tel point qu'elle se sentira obligée de s'en défendre dans ses mémoires:
«Les écrivains de notre bord avaient tacitement adopté certaines règles. On ne devait pas écrire dans les journaux et les revues de zone occupée, ni parler à Radio-Paris; on pouvait travailler dans la presse de la zone libre et à Radio-Vichy: tout dépendait du sens des articles et des émissions.»[24]
Simone est claire: en temps de guerre, il faut savoir faire des compromis car il faut vivre malgré tout.

Avec la publication de *L'Invitée*, Simone pourrait légitimement participer aux réunions du CNE mais elle y renonce, la présence de Sartre suffit: «Mon accord avec Sartre était si entier que ma présence eût vainement doublé la sienne.»[25] Elle lui laisse volontiers ce qui a trait à la politique, se sentant peu sûre d'elle-même dans ce domaine et trop peu informée. Contrairement à lui, elle n'est pas une personnalité publique et préfère se concentrer sur son prochain roman, *Le Sang des autres*, qui éclaire ce qu'elle pense de la situation politique. Elle lit beaucoup, Hegel notamment, dont on retrouve certaines idées dans son essai philosophique *Pyrrhus et Cinéas*, et passe des heures à la bibliothèque. Travailler lui permet, pendant un temps, d'échapper à la guerre, la misère, la mort potentielle de ses proches ou encore à l'Occupation. Pour survivre, il est essentiel de trouver des moyens de se divertir. Pendant l'hiver 1943/1944, Simone, Sartre et leurs ami·es font la fête presque tous les soirs, parfois dans la chambre d'hôtel de Simone.

Le mauvais alcool ne souffre pas de pénurie, lui, et on prend l'habitude d'oublier la guerre à coups de verres de vin et de whisky de piètre qualité.

ALBERT CAMUS (1913-1960) ÉCRIVAIN, PHILOSOPHE & HOMME RÉVOLTÉ

Il est le dandy des philosophes et personne ne peut résister à son charme, pas même Simone et Sartre qui font sa connaissance en 1943. Sartre a beaucoup aimé *L'Étranger* (1942) et souhaite que Camus collabore à sa nouvelle pièce. Simone apprécie également le jeune Albert – ainsi, sans doute, que son physique avantageux. Elle ne lui consacrera pourtant que quelques lignes dans ses mémoires. Cela tient sans doute à la dispute qui éclate entre Albert et Sartre dans les années 1950, mais peut-être aussi au refus d'Albert de passer la nuit avec elle[26]. Albert naît en Algérie en 1913. Son père meurt pendant la Première Guerre mondiale laissant sa mère – analphabète et presque sourde – élever seule ses enfants, dans des conditions difficiles. Albert est un élève doué. Il entre au lycée, obtient son baccalauréat et rejoint les bancs de l'université d'Alger. Il se marie une première fois à l'âge de vingt et un ans, découvre la vie mondaine algéroise et publie ses premiers textes. En 1935, il adhère au Parti communiste algérien mais en sera exclu quelques années plus tard, après avoir critiqué la direction. Il travaille pour le magazine de gauche *Alger républicain* et écrit principalement sur la discrimination des Arabes et des Berbères par les Français d'Algérie. En 1940 il est embauché au journal *Paris-Soir* et quitte l'Algérie avec Francine, sa deuxième femme. Son essai philosophique *Le Mythe de Sisyphe* paraît en 1942 et s'inscrit parfaitement dans l'air du temps. Albert expose dans ses livres sa philosophie de l'absurde qui, il insiste sur ce point, n'a rien à voir avec la philosophie existentialiste. Pour lui, la vie est, par essence, dénuée de sens. L'absurdité de notre propre existence ne peut être surmontée qu'en l'acceptant et en prenant conscience des possibilités de révoltes (intérieures) qui s'offrent à nous. La révolte, Albert connaît bien. Pendant la Seconde Guerre mondiale, il est très actif dans la Résistance, notamment au sein du journal clandestin *Combat*. Plus tard, il critiquera la politique coloniale française, même s'il a du mal à imaginer une Algérie totalement indépendante. Albert est un pacifiste qui rêve de concilier justice et liberté. Il est plus du genre à poser des questions qu'à donner des réponses. Ne jurant que par la partialité et la modération sur le terrain politique, Albert se trouve souvent coincé entre deux fronts. 1951 est l'année de la rupture avec Sartre. Ce dernier n'est pas fan de *L'Homme révolté* et laisse un rédacteur des *Temps Modernes* en faire une très mauvaise critique. Derrière cette dispute se cache des divergences politiques. Albert finit par dire non au socialisme stalinien et au totalitarisme soviétique. Sartre, à l'inverse – et comme nombre de ses proches – pense que le socialisme, même mal transposé, reste le meilleur des systèmes. L'histoire donnera raison à Albert mais il ne sera malheureusement plus là pour le voir: il meurt le 4 janvier 1960 dans un accident de voiture.

Œil pour œil

À la fin de la Seconde Guerre mondiale, Sartre est considéré comme l'un des grands écrivains de la Résistance. Il fascine la jeunesse et est encensé par les médias. L'existentialisme devient la philosophie à la mode dans cette France d'après-guerre en partie désorientée. «(...) La guerre avait changé mes rapports à tout, mais elle avait tout changé (...). Aussi naïve qu'un enfant qui croit à la verticale absolue, j'avais pensé que la vérité du monde était fixe (...).»[27] Eh bien non. Simone cesse de se distancer de tout et s'intéresse enfin à ce qui l'entoure, plus particulièrement à la façon dont on traite celles et ceux qui ont collaboré. Elle est surprise qu'on lui demande de signer la pétition pour la grâce de Robert Brasillach, journaliste et écrivain d'extrême droite ayant collaboré avec le régime allemand. Brasillach était, entre autres, le rédacteur en chef du journal de propagande *Je suis partout* qui dénonçait – en donnant noms et adresses – juif·ves, résistant·es et opposant·es politiques. Arrêté en 1944, il est jugé en janvier 1945. Parmi les signataires de cette pétition figurent Colette et Camus, mais pas Simone. Elle assiste toutefois au procès depuis la tribune presse: «Mon refus était symbolique: mais même dans un geste on engage sa responsabilité et il me semblait trop commode d'esquiver la mienne par l'indifférence.»[28] À l'issue de son procès, Brasillach est condamné à mort. Simone fait part de ses impressions et de ses réflexions sur les concepts de «vengeance» et de «punition» dans un article intitulé *Œil pour œil*. Elle y distingue la vengeance en son nom et au nom des autres.

Simone se tient généralement loin de toute forme d'engagement politique. Elle finit par rejoindre le CNE mais ne se rend toujours pas aux réunions puisque Sartre y va déjà. Le couple se sent proche du communisme mais refuse de s'encarter. Ils tiennent trop à leur indépendance. Et puis ils ont suffisamment à faire avec *Les Temps Modernes*, qu'ils fondent en octobre 1945. Politico-littéraire, la revue, dont le titre est une référence directe au film de Chaplin, publie des textes sur une grande variété de thèmes et devient rapidement le porte-voix des intellectuel·les de gauche. Les premiers à participer à la revue sont Simone, Raymond Aron, Michel Leiris, Maurice Merleau-Ponty, Albert Ollivier et Jean Paulhan. Sartre occupe le poste d'éditeur, les tâches quotidiennes relatives au métier de rédacteur ne l'intéressant pas. Dans son tout premier édito, il expose en quelques lignes sa conception de la «littérature engagée»: la littérature, selon lui, a un devoir politico-social et doit offrir plus qu'une dimension purement littéraire. Simone le laisse s'occuper de l'orientation de la revue et se concentre sur les textes. Elle écrit des articles, gère le calendrier des publications et contacte des auteurs et autrices potentiel·les. «En cette période de renaissance, tâtonnante, bouillonnante, il y avait sans cesse des questions qui se posaient, des défis à relever, des erreurs à rectifier, des malentendus à dissiper, des critiques à repousser.»[29]

L'INTELLECTUEL·LE FRANÇAIS·E

La figure de «l'intellectuel·le» avec un grand «i» peut être considérée comme typiquement française. Le terme tel qu'on l'entend aujourd'hui fait son apparition en 1894 pendant l'affaire Dreyfus. Souvenez-vous, le capitaine juif Alfred Dreyfus est condamné (à tort) au bagne sous prétexte d'avoir fourni aux Allemands des informations militaires classées secrètes. Convaincue de son innocence, sa famille se bat pour le faire libérer et en 1896, des preuves démontrent que le vrai traître est en réalité le commandant Ferdinand Walsin Esterhazy. Toutefois, il est presque impossible d'obtenir la révision du procès. Esterhazy finit par être jugé en 1898 mais les généraux qui ont témoigné contre Dreyfus refusent de revenir sur leur déclaration et fournissent même de faux indices à charge... L'acquittement d'Esterhazy provoque un déluge d'indignations. Émile Zola publie dans *L'Aurore* son célèbre *J'accuse...!* adressé au président Félix Faure. L'affaire ébranle la Troisième République: la société se divise en deux camps, les dreyfusards et les antidreyfusards. Georges Clemenceau, alors journaliste et dreyfusard, liste dans un article les soutiens célèbres de Dreyfus en les regroupant sous le nom d'«intellectuels». Le terme prend rapidement une connotation négative, caractérisant les personnes qui manqueraient de patriotisme et de fierté nationale française – les dreyfusards donc, pour leurs opposants. Dreyfus finit par être gracié en 1899. Bien entendu, la France comptait des intellectuel·les avant l'affaire – Voltaire, Diderot, Rousseau pour n'en citer que quelques-uns – mais on ne les nommait pas ainsi. Quand on parle d'intellectuel·les français·es, on pense plutôt à Simone, Sartre ou encore Camus, figures largement idéalisées depuis et qui subissaient leur lot d'attaques quotidiennes en leur temps. Une chose est sûre, rares sont les pays où les intellectuel·les ont une telle place dans le débat public.

Questions morales

Les années d'après-guerre sont marquées par un certain chaos. La France est à fleur de peau et les débats d'idées se multiplient, comme en témoignera *Les Mandarins*. La Quatrième République est instable et la majorité ne cesse de changer de camp. À cela vient s'ajouter la guerre d'Indochine (actuels Laos, Cambodge et Viêt Nam) que la France perd en 1954 après huit ans de combats.

Dès 1945, on sent que ce n'est plus «*politics as usual*». On attend de Simone et Sartre qu'ils s'expriment sur tous les sujets possibles et imaginables. Simone n'est peut-être pas aussi engagée que son compagnon mais elle est la rédactrice d'une revue intellectuelle et l'autrice du très apprécié «roman existentialiste» *Le Sang des autres* (1945). Elle est donc elle aussi sous le feu des projecteurs, et cela ne lui plaît qu'à moitié, elle qui préfère écrire sur ses idées que les discuter en public. Sartre et elle se rapprochent du *Rassemblement démocratique révolutionnaire*, parti socialiste fondé en 1947 par Georges Altman et David Rousset[30]. Contrairement à Sartre, Simone n'a pas vraiment de rôle dans le mouvement. D'abord, elle n'est tolérée par les hommes que parce qu'elle est la compagne de Sartre, et personne n'attend d'elle qu'elle ait un avis politique[31]. Ensuite, elle déteste parler devant de grandes assemblées, elle a rapidement le trac et n'aime pas sa voix. Tout cela explique en partie pourquoi elle a refusé de s'engager à la manière de Sartre.

Simone réfléchit à la possibilité d'une morale existentialiste et publie en 1947 son essai *Pour une morale de l'ambiguïté* qui montre, entre autres, que la liberté de chaque être humain est limitée par des facteurs indépendants de sa volonté comme – au hasard – son genre. Une ambiguïté qu'il faut accepter et considérer comme la caractéristique fondamentale de l'existence. Il n'y a qu'ainsi qu'il est possible de se «projeter» dans le monde et de transcender sa situation donnée[32]. En ce qui concerne la relation aux autres, Simone explique que la solidarité, par exemple, n'est clairement pas une chose qui existe d'emblée. C'est pourquoi même une politique dite «humaniste» ne peut qu'échouer. Il n'existe aucun principe, aucune valeur qu'on puisse imposer à une humanité prétendument homogène. Agir dans l'intérêt de toutes et tous est impossible, comme il est impossible de justifier des décisions lésant certaines personnes en se référant à des valeurs ou des principes universels. Ce serait trop facile. Pour autant, cela ne signifie pas que nos propres actions ou celles de nos politiques ne doivent pas se baser sur des valeurs. Ce que Simone cherche à montrer, c'est qu'aucun principe ne peut être considéré comme allant de soi, que les prises de décisions politiques sont difficiles, que les certitudes n'existent pas... et qu'il faut l'accepter. Elle recommande de ne jamais prendre de telles décisions *a priori*, sans se référer à une forme d'expérience. Après tout, les politiques sont des personnes comme tout le monde, menant une existence «ambiguë». Il peut aussi leur arriver de faire des erreurs. Les décisions politiques ne sont, au fond, que des suppositions informées, argumentées, prises par des personnes spécifiques dans des situations spécifiques[33]. Simone attend donc des femmes et hommes politiques ce qu'elle attend des femmes et hommes en général: une remise en question permanente des normes et règles généralement admises ainsi qu'une constante remise en question personnelle. Oui, c'est aussi fatigant que ça en a l'air.

De l'Amérique à l'Algérie

La guerre terminée, Simone brûle du besoin de découvrir le monde. En 1946, elle part en Tunisie puis en Algérie pour donner quelques conférences, et en janvier 1947 elle réalise son rêve en se rendant pour la première fois aux États-Unis. Simone est aussi fascinée par l'*american way of life* qu'elle est choquée par la politique raciale menée dans les États du Sud notamment:
«Sur les portes des *restrooms*, on lit d'un côté "White ladies", "White gentlemen", et de l'autre "Coloured women", "Coloured men". Il n'y a que des blancs dans le grand hall qui sert de salle d'attente: les noirs sont parqués dans un petit réduit attenant (...). C'est la première fois que nous voyons de nos yeux cette ségrégation dont nous avons tant entendu parler; et nous avons beau être prévenues: quelque chose tombe sur nos épaules qui ne nous quittera plus à travers tout le Sud; c'est notre propre peau qui est devenue lourde et étouffante et dont la couleur nous brûle.»[34]
Priver quelqu'un de sa liberté? C'est à l'opposé de ce en quoi elle croit.

RICHARD WRIGHT (1908-1960)
ÉCRIVAIN & «MERCI DE M'AVOIR OUVERT LES YEUX»

Dans son livre semi-autobiographique *Black Boy* (1945), Richard Wright compare la lecture à une «drogue» découverte dans son enfance et dont il fut toute sa vie dépendant. Lecteur mais aussi auteur, il utilise l'écriture pour lutter contre le racisme et l'oppression qui font rage aux États-Unis. Son père, fils d'esclaves et ramasseur de coton, est alcoolique et abandonne sa famille alors que Richard a six ans. Richard grandit dans le Mississippi puis l'Arkansas, deux États très marqués par le racisme. Entre les déménagements successifs et l'accident vasculaire cérébral de sa mère, Richard ne va pas souvent à l'école. Autodidacte, il écrit sa première nouvelle à quinze ans. Elle est publiée dans un journal afro-américain local. En 1927 sa famille déménage à Chicago. Richard rêve de devenir écrivain et étudie le style de différents auteurs. Il enchaîne les petits boulots – postier, éboueur, plongeur – pour gagner sa vie. Communiste convaincu, il entre au parti en 1933 et y restera neuf ans. Il se met à écrire des poèmes prolétariens pour des magazines de gauche, collabore au National Negro Congress et publie des essais et récits comme *Big Boy Leaves Home* en 1936. Richard n'est pas apprécié par tou·tes. Certain·es communistes afro-américain·es le trouvent trop bourgeois, trop intellectuel. En 1937, il emménage à New York. Son recueil de nouvelles *Uncle Tom's Children* (1938) attire l'attention mais c'est le roman *Native Son*, paru en 1940, qui le rend définitivement célèbre: un auteur noir qui écrit sur le sujet tabou du racisme, et qui, en plus, met en scène un héros noir qui n'est pas un modèle ?! *Black Boy* paraît en 1945 et accède au statut de best-seller. Richard y raconte son enfance dans le Sud. Pour le célèbre écrivain afro-américain et défenseur des droits humains James Baldwin, Richard est le «plus grand auteur noir du monde». En 1946 Richard déménage à Paris avec sa femme Ellen et sa fille Julia, d'abord temporairement puis définitivement. Il souhaite échapper au racisme quotidien et à la chasse aux sorcières de l'ère maccarthiste. À Paris, il fait la connaissance du couple Sartre-Beauvoir. Pendant son premier séjour aux États-Unis, Simone voit les Wright aussi souvent que possible, la famille étant rentrée à New York pour quelques semaines. Elle lit *Black Boy*, discute de la condition afro-américaine avec Richard et se trouve gratifiée des mêmes regards réprobateurs que reçoit quotidiennement Ellen – blanche également. Simone mettra beaucoup de ce voyage dans *Le Deuxième Sexe*, ne pouvant s'empêcher de constater des similitudes entre la situation des afro-américain·es et celle des femmes.

Tout comme elle a été frappée par le racisme qui fait rage aux États-Unis, Simone est choquée par les exactions de l'armée française, qui multiplie les atteintes aux droits humains en Algérie. Dans cette guerre d'indépendance qui démarre en 1954, Simone et Sartre se rangent du côté des indépendantistes, comme beaucoup d'autres intellectuel·les de gauche. Ils publient dans *Les Temps Modernes* plusieurs articles de Francis Jeanson sur la politique française en Algérie et signent

«Ce sont les blancs qui leur assignent leur place: leur mode de vie est une réaction secondaire à la situation créée par la majorité blanche.»[35]

le *Manifeste des 121* ou «Déclaration sur le droit à l'insoumission dans la guerre d'Algérie» aux côtés d'autres universitaires, artistes et intellectuel·les français·es. Au départ, contrairement à Jeanson, Simone et Sartre trouvent les méthodes du FLN discutables et ont du mal à soutenir publiquement le mouvement, mais ils finissent par se laisser convaincre: «La gauche ayant échoué à mener dans la légalité un combat efficace, si on voulait rester fidèle à ses convictions anticolonialistes et briser toute complicité avec cette guerre, il ne restait d'autre issue que l'action clandestine.»[36]

Pour autant, Simone ne peut s'imaginer devenir combattante du FLN: «Je ne suis pas une femme d'action; ma raison de vivre, c'est d'écrire; pour la sacrifier, il aurait fallu me croire ailleurs indispensable.»[37] L'écriture est son arme la plus efficace, d'autant plus que le statut de Simone lui permet de se faire entendre. En 1960, elle est contactée par Gisèle Halimi, l'avocate de Djamila Boupacha, une jeune Algérienne accusée d'espionnage, violée et torturée par des soldats français pendant son incarcération. Halimi souhaite que Simone en fasse un article. Elle s'y attèle immédiatement et l'envoie au *Monde* mais la rédaction est choquée par la présence du mot «vagin», que l'éditeur en charge de son article remplace par les mots «ventre» et «sexe». Dans son article, Simone cite le procès-verbal mot pour mot, ce qui est interdit. L'article ne paraît finalement pas, mais les deux femmes ne s'en formalisent pas: l'attention médiatique n'en est que plus grande! Elles fondent un comité de défense de Djamila Boupacha, dont Simone prend la présidence. Halimi lui consacre un livre, préfacé par Simone et dont Pablo Picasso illustre la couverture: *Djamila Boupacha* paraît en 1962. Simone et Halimi le signent de leurs deux noms afin d'en partager la responsabilité. S'engager publiquement pour l'indépendance de l'Algérie est en effet dangereux, les nationalistes français·es n'hésitant pas à se dresser contre les «traîtres à la patrie». Simone est obligée de quitter son appartement pour des raisons de sûreté après que l'appartement de Sartre a été la cible d'un attentat à la bombe. De passage chez elle pour récupérer son courrier, elle trouve le couple de gardiens paniqué: quelqu'un a appelé la veille pour dire «Attention! Attention! Simone de Beauvoir saute cette nuit!»[38] Mais son engagement aux côtés de Gisèle Halimi porte ses fruits: Boupacha est amnistiée.

Simone enchaîne alors sur un autre front. En 1961, Sartre et elle font campagne contre de Gaulle et son référendum sur l'autodétermination de l'Algérie. De Gaulle propose une solution qui rendrait l'Algérie en partie indépendante mais toujours reliée politiquement à la France. Pour Simone et Sartre, c'est l'indépendance totale sinon rien. Ils appellent donc les Français·es à voter «non». De Gaulle finit par abandonner. Les accords d'Évian sont signés le 18 mars 1962, mettant fin à plus de sept années de guerre et ouvrant la voie à l'indépendance algérienne.

En mai, fais ce qu'il te plaît

C'est donc dans les années cinquante et soixante que Simone prend (enfin) conscience de ses responsabilités en tant que figure intellectuelle. Elle s'engage activement, manifeste contre la guerre du Viêt Nam et prend part à différentes sortes de congrès pour la paix. À l'étranger, Simone et Sartre sont *les* intellectuels qu'on aime recevoir. En France par contre, cela fait longtemps qu'ils ne sont plus «in». L'existentialisme n'est plus à la mode et Foucault, Derrida ou encore Barthes les ont remplacés sur le devant de la scène. Le couple voyage à travers l'Europe, effectue des visites officielles, prend part à des congrès d'écrivain·es et rencontre différents groupes dissidents. En 1955 ils sont en Chine, en 1960 ils s'envolent pour Cuba, de 1962 à 1966 ils se rendent chaque année en Union soviétique. En mai et novembre 1967 ils prennent part aux sessions du Tribunal Russell qui siège en Suède puis au Danemark pour dénoncer les crimes de guerre commis par les États-Unis au Viêt Nam. Sartre et Simone continuent par ailleurs de s'engager dans l'hexagone en soutenant *La Cause du peuple*, le journal militant de la Gauche prolétarienne – une organisation mao-spontanéiste. Lorsque la police saisit le journal en janvier 1968 et qu'elle arrête nombre de ses collaborateur·ices, Simone et Sartre sortent le distribuer eux-mêmes dans les rues de Paris.

En mai 1968 – ou plutôt dès 1967 –, inspirée par les discours tenus par le mouvement hippie tout droit

«Je me suis souvent demandé quelle aurait été ma position si je n'avais pas été liée à Sartre. Proche des communistes, sûrement, par horreur de tout ce qu'ils combattaient: cependant j'aimais trop la vérité pour ne pas exiger de pouvoir librement la rechercher.»[39]

venu des États-Unis, la population étudiante descend dans la rue et réclame de meilleures conditions de vie et de travail au sein des universités. Cela fait quelque temps déjà que Simone se rend à Nanterre pour rencontrer des étudiantes qui ont lu *Le Deuxième Sexe* et souhaitent en discuter. Elle est donc au courant de la révolte qui est en train de naître dans les universités françaises. Dans la nuit du 22 mars 1968, au sein même de la faculté de Nanterre, un groupe d'étudiant·es fonde le mouvement spontanéiste «du 22 mars». En mai, les actions se multiplient et la faculté est fermée. Depuis la Sorbonne, des étudiant·es protestent contre cette décision et des émeutes éclatent dans le Quartier latin, conduisant à l'arrestation de centaines de personnes et à la fermeture de la Sorbonne. À l'origine de ces manifestations, la profonde insatisfaction des jeunes quant à la situation politique et sociale d'une France de plus en plus conservatrice et autoritaire, dont de Gaulle est l'incarnation. À cela s'ajoute la situation économique du pays, qui se dégrade pour la première fois depuis la fin de la Seconde Guerre mondiale. Le chômage augmente, beaucoup de jeunes s'inquiètent pour leur avenir et souhaitent démocratiser le système universitaire afin de faciliter l'accès aux études supérieures. Simone se sent solidaire des manifestant·es et des étudiant·es. Elle soutient leurs revendications et signe le 8 mai, aux côtés de Sartre, Colette Audry ou encore Michel Leiris, un appel aux classes ouvrières pour qu'elles manifestent également[40]. Pourtant, bien qu'elle ait soutenu activement les mouvements étudiants, Simone écrira plus tard dans ses mémoires: «J'avoue ne pas être de ces intellectuels que Mai 68 a profondément ébranlés. La contradiction que Sartre a dénoncée entre les visées universelles de l'intellectuel et le particularisme où il est enfermé, j'en étais déjà consciente en 1962 quand j'achevais *La Force des choses.*»[41] Autrement dit, les émeutes de Mai 68 ne la surprennent pas et ne lui apprennent pas grand-chose. Mais elle élargit son cercle, rencontrant plusieurs jeunes femmes qui lui donneront force et courage pour la poursuite de ses engagements en particulier féministes.

Quoiqu'en dise Simone, 1968 reste une année importante car elle marque la fin de leurs illusions concernant le régime soviétique. Apprenant en août l'entrée des chars russes en Tchécoslovaquie, ils ne peuvent plus fermer les yeux sur les actions du régime. En novembre, ils se rendent à Prague où *Les Mouches* et *Les Mains sales* doivent être jouées. Après avoir discuté avec plusieurs intellectuel·les sur place, ils concluent que «le printemps tchèque n'avait pas été dirigé contre le socialisme»[42]. Ils sont donc déçus par le régime russe – comme ils sont déçus par le soutien apporté par Fidel Castro à l'intervention soviétique à Prague – mais restent persuadés que le problème vient du stalinisme et non du socialisme – bien que Staline soit mort depuis quinze ans déjà. Il leur faudra quelques années de plus pour rompre définitivement avec l'idéologie soviétique. Ce n'est qu'en mai 1971 que Simone constate: «Ceux-ci [Les Soviétiques] ont définitivement découragé tous nos espoirs.»[43]

CINQ VOYAGES POLITIQUES DE SIMONE ET SARTRE

Cuba
Quand: 1960
Pourquoi: pour vivre la Révolution cubaine.
Où: La Havane, Trinidad, Santiago.
Ce que Simone en dit: «"C'est la lune de miel de la Révolution", me disait Sartre. Pas d'appareil, pas de bureaucratie, mais un rapport direct des dirigeants au peuple et un grouillement d'espoirs un peu désordonnés. Ça ne durerait pas toujours, mais c'était réconfortant.»[44]
Bonus: Simone y rencontre les beaux gosses de l'époque, Che Guevara et Fidel Castro.

Union soviétique
Quand: chaque année entre 1962 et 1966.
Pourquoi: pour voir de leurs propres yeux le socialisme en action et encourager les échanges entre écrivain·es de l'Est et de l'Ouest (sous forme de congrès annuels).
Où: Moscou, Leningrad, Sotchi (Russie), Simferopol et Yalta (Crimée), Tbilissi (Géorgie), Erevan (Arménie), Kiev et Odessa (Ukraine), Tallin et Tartu (Estonie), Vilnius et Kaunas (Lituanie), entre autres.
Ce que Simone en dit: «Nulle part en URSS l'eau naturelle n'est potable, sauf à Moscou où elle a un goût prononcé de menthe qui n'est pas désagréable.»[45]
Bonus: le Premier secrétaire du Parti communiste d'URSS Nikita Khrouchtchev leur montre sa piscine

construite au bord de la mer et entourée d'une paroi de verre escamotable.[46]

Japon
Quand: 1966
Pourquoi: l'éditeur japonais de Simone et Sartre et l'université Keio les invitent à donner plusieurs conférences au Japon et à découvrir le pays à cette occasion.
Où: Tokyo, Kyoto, Osaka, Nagasaki ou encore Hiroshima.
Ce que Simone en dit: «On m'a dit qu'à Tokyo même il existe plusieurs de ces camps de travail où croupit le sous-prolétariat. Il n'était évidemment pas question de les visiter.»[47]
Bonus: le couple star y est extrêmement bien reçu.

Suède et Danemark
Quand: 1967
Pourquoi: pour assister au Tribunal Russell qui vise à dénoncer les crimes de guerre perpétrés par les États-Unis au Viêt Nam.
Où: Stockholm et Roskilde (près de Copenhague).
Ce que Simone en dit: «En dépit de quelques moments fastidieux, notre travail nous passionnait. De jour en jour on progressait. Nos présomptions devenaient des certitudes, nos certitudes recevaient de multiples et tragiques confirmations.»[48]
Malus: le tribunal siège dans une grande salle équipée

de projecteurs aveuglants[49] et des disputes menacent sans cesse d'éclater entre les participant·es.

Israël
Quand: 1967
Pourquoi: pour se faire une idée concrète du conflit israélo-palestinien.
Où: Tel-Aviv, Jaffa, plusieurs kibboutz, Nazareth, la Galilée ou encore Jérusalem.
Ce que Simone en dit: « Les deux problèmes qui m'ont le plus intéressée sont la condition des femmes et l'attitude des jeunes. »[50]
Bonus: en parallèle des discussions, ils disposent d'assez de temps pour découvrir Israël et la Palestine.

Une personnalité publique

Dans les années 1970 et 1980, Simone s'engage dans différents mouvements féministes, soutient des opposantes et dissidentes, signe des pétitions, proteste, manifeste et met sa célébrité au service de causes et mouvements politico-sociaux, ayant conscience de son statut privilégié d'écrivaine (re)connue. Ses mots ont un poids, elle est – et veut être – écoutée: son investissement à partir des années 1960 est bien plus important qu'avant et pendant la Seconde Guerre mondiale. Un certain sentiment de culpabilité vis-à-vis de son indifférence d'autrefois joue sans doute un rôle dans cet engagement désormais inlassable pour la liberté, l'égalité

et la justice. En ce qui concerne la Shoah par exemple, elle qui montrait peu de compassion pour Bianca et sa famille pendant la guerre soutient avec enthousiasme le projet de documentaire de son ex-compagnon Claude Lanzmann:
«On sait qu'après la sortie de *Shoah*, en avril 1985, Simone de Beauvoir écrivit, en première page du journal *Le Monde*, un article décisif pour la carrière de cette œuvre, texte admirable qui sert aujourd'hui de préface au livre *Shoah*, publié dans le monde entier»[51], raconte Lanzmann.
Simone, dont le besoin d'en apprendre toujours davantage n'est jamais totalement satisfait, se rend même en Israël afin de se faire une idée du conflit israélo-palestinien. «En politique, mes engagements ont toujours exprimé les idées que je m'étais forgées au cours de ma vie.»[52]

Simone s'est longtemps questionnée sur son rôle en tant que personnalité publique, peut-être parce qu'elle a trop souvent été considérée comme la simple «compagne» de Sartre. Oui, elle voyageait avec lui, s'occupait de lui, prenait en charge les aspects organisationnels, jouait les infirmières..., et dans un premier temps, cette «répartition des tâches» – Sartre, politiquement engagé, au premier plan, elle comme soutien en arrière-plan – lui convenait. Mais les choses ont changé quand elle a pris conscience des attentes qui pesaient sur eux: «C'est dans l'anxiété et avec nostalgie que j'ai vu fondre sur Sartre la célébrité et naître ma notoriété.

L'insouciance a été perdue du jour où nous sommes devenus des personnages publics et qu'il a fallu tenir compte de cette objectivité.»[53]
Les positions politiques de Simone et Sartre n'ont pas toujours été bien vues. Pendant la guerre d'Algérie ils ont été insultés, menacés, voire même traités «d'anti-Français». Et puis il leur est arrivé d'avoir tort. Concernant la Chine par exemple: en 1955, elle leur semble être LE pays où le socialisme fonctionne. Totalement séduite, Simone en fait même les louanges dans *La Longue Marche* – qui est sans doute ce qu'elle a écrit de plus mauvais. L'Union soviétique les a longtemps aveuglés également, même s'il est difficile de savoir si Simone soutenait vraiment le régime ou si elle le faisait pour Sartre (critiquer Sartre en public ne lui serait pas venu à l'esprit, et ils avaient très tôt décidé de toujours apparaître comme un front uni).

Sur le plan politique, Simone était plutôt de nature sceptique et réservée – contrairement à Sartre qui s'enflammait facilement. Alors oui, c'était lui le philosophe politique, et il s'exprimait beaucoup plus souvent qu'elle, mais il est intéressant de constater que sur ces questions, ce sont les écrits de Simone qui ont réussi à traverser les années. On est frappé aujourd'hui par la modernité des questions morales qui habitent encore *Pyrrhus et Cinéas*, *Pour une morale de l'ambiguïté*, *Le Sang des autres* ou encore *Les Mandarins*. De même, les effets post-publication du *Deuxième Sexe* se font encore sentir aujourd'hui.

C'est vrai, Simone a mis du temps à s'engager activement; et oui, elle a parfois eu tort, mais elle a toujours su apprendre de ses erreurs et mettre sa célébrité aux services de causes qui lui tenaient à cœur. Lorsqu'elle avait décidé de s'engager, elle le faisait de tout son cœur. Son combat pour les droits des femmes en est le meilleur exemple.

«J'étais la femme exceptionnelle et je l'ai accepté.»[1]

LUTTER

CHRONOLOGIE

1948	Parution d'extraits du *Deuxième Sexe* dans *Les Temps Modernes*
1949, mai	«L'initiation sexuelle de la femme» paraît en une des *Temps Modernes*
	Parution du *Deuxième Sexe* en deux tomes, en mai puis octobre
1953	Parution de *The Second Sex* aux États-Unis
1970	Première action officielle de la deuxième vague féministe française
1971	Simone signe le Manifeste des 343 salopes
	Début de son engagement pour le droit à l'avortement
	Simone prend la présidence de *Choisir la cause des femmes*
1972	Simone témoigne au procès de Bobigny
1973	Fonde la rubrique «Le sexisme ordinaire» dans *Les Temps Modernes*
1974	Simone devient présidente de la Ligue pour le droit des femmes
1975	L'avortement devient légal en France
1977	Simone devient directrice éditoriale de la revue *Questions féministes*
1983	Simone préside la commission «Femmes et Culture»

On chuchote, on ricane, on l'observe, on éclate même de rire. «C'est elle, c'est Simone de Beauvoir!» «Celle qui écrit toutes ces horreurs sur les femmes?» «Exactement! C'est une mal-baisée, peut-être même une lesbienne.» Simone fait ce qu'elle peut pour rester calme, elle qui pensait manger tranquillement avec Nelson Algren... Celui-ci ne parle pas très bien français mais son niveau est suffisant pour ne rien rater des commentaires de la table d'à côté. Simone esquisse un sourire gêné. Lorsqu'ils se sont rencontrés en 1947, elle commençait à peine à se faire connaître comme écrivaine et philosophe mais depuis 1949, Simone est une célébrité. Tout ça à cause d'un livre: *Le Deuxième Sexe.*

Femmes, qui êtes-vous?

En 1946, Simone a terminé l'écriture de *Pour une morale de l'ambiguïté* et cherche une nouvelle idée. Assise aux Deux Magots elle fixe, frustrée, la page blanche. «Que vous avez l'air farouche!», lui lance le peintre et sculpteur Giacometti. «C'est que je voudrais écrire, et je ne sais pas quoi», lui répond-elle[2]. Ce n'est pas tout à fait vrai: depuis un moment déjà, Simone aimerait écrire sur elle. Depuis qu'elle a lu *L'Âge d'homme* de Michel Leiris (1939) elle souhaite se lancer dans l'écriture autobiographique, mais elle a conscience qu'il lui faudra pour cela s'interroger sur son statut de femme. Cela ne devrait pas lui prendre trop de temps puisqu'elle n'a jamais vécu le fait d'être une femme comme un désavantage: «[J]e ne regrettais certes pas d'être une femme; j'en tirais au contraire de grandes satisfactions.»[3] Mais Sartre insiste: «Tout de même, vous n'avez pas été élevée de la même manière qu'un garçon: il faudrait y regarder de plus près.»[4] Simone entreprend quelques recherches et fait une incroyable (!) découverte: «Ce monde était un monde masculin, mon enfance avait été nourrie de mythes forgés par les hommes et je n'y avais pas du tout réagi de la même manière que si j'avais été un garçon.»[5] Son projet autobiographique est immédiatement mis de côté au profit d'un essai qui analysera la condition des femmes. C'est à la Bibliothèque nationale qu'elle commence son enquête. Elle trouve, ne serait-ce que dans la littérature, un mélange de mythes et de préjugés, de discriminations et d'inégalités. Elle qui ne s'était jusqu'ici jamais préoccupée de la question du genre va de découverte en découverte:

«C'est étrange et c'est stimulant de découvrir soudain, à quarante ans, un aspect du monde qui crève les yeux et qu'on ne voyait pas.»[6]

Il n'est pas étonnant que Simone soit longtemps demeurée si naïve: dans les cercles où elle évolue, elle est reconnue comme le serait un homme. Cela tient à son intelligence, bien entendu, mais aussi au système universitaire. On l'a traitée sans condescendance pendant ses années d'étudiante car elle ne représentait en réalité aucune concurrence: les femmes étaient certes classées d'après les mêmes barèmes que les hommes, mais celles qui étaient admises au concours l'étaient au

«[M]a féminité ne m'avait gênée en rien.»[8]

surnombre, ne prenant donc aucune place à leurs homologues masculins. Il n'y avait pas de rivalité.[7] Quant à sa relation avec Sartre, elle est basée sur une forme de partenariat et de reconnaissance mutuelle – notamment parce que Simone a refusé d'avoir des enfants et de jouer le rôle de femme au foyer.

«Je vous l'ai dit, jamais je n'ai souffert d'être une femme, et parfois même je m'en félicite. Cependant quand je regarde les femmes autour de moi, je constate qu'elles vivent des problèmes spécifiques et qu'il vaudrait la peine de les analyser dans leur particularité.»[9] écrit-elle à Nelson Algren.

Simone souhaite récolter les points de vue de différentes femmes, mais ses amies parisiennes mènent le même genre de vie qu'elle – elles sont actrices, artistes, aucune ne correspond au prototype de la «femme dépendante»[10]. Simone profite ainsi de son séjour aux États-Unis pour mener sa première enquête de terrain. Elle interroge quasiment toutes les femmes qu'elle croise: quid de leur situation personnelle, de leurs moyens de contraception, de leurs rêves les plus chers? et rend compte de ses observations dans *L'Amérique au jour le jour*:

«La réussite sociale d'une femme est étroitement liée au luxe de son apparence; c'est pour les pauvres une terrible servitude. (...) En vérité, les toilettes des Européennes (vêtements, produits de beauté, note de l'autrice) sont moins serviles.»[11]

Simone, qui avait toujours vu les États-Unis comme le pays de la liberté et les Américaines comme des femmes émancipées, est déçue:

«[D]ans les journaux féminins, bien plus encore que dans ceux de France, j'ai lu de longs articles sur l'art de la pêche, de la chasse au mari, sur l'art de prendre un homme au piège; j'ai vu que les *college girls* n'avaient guère d'autre souci que les hommes et que le célibat est beaucoup plus déconsidéré ici qu'en Europe.»[12]

La comparaison qu'établit Simone entre la France et l'Amérique jouera un rôle important dans l'écriture du *Deuxième Sexe*, et en particulier sa mise en parallèle de la condition afro-américaine et de la condition féminine. Choquée par le racisme ordinaire qu'elle rencontre tout au long de son voyage, elle s'inspire des théories et observations de son ami Richard Wright concernant la «question raciale». *An American Dilemma: The Negro Problem and Modern Democracy*, le rapport publié en 1944 par le futur prix Nobel d'économie suédois Gunnar Myrdal, l'intéresse également. Myrdal rend compte du statut et de l'oppression des Afro-américain·es sur plus de mille cinq cents pages. Impressionnée, Simone écrit à Algren:

«J'aimerais réussir quelque chose d'aussi important que le Myrdal; il souligne d'ailleurs quantité de très suggestives analogies entre le statut des Noirs et celui des femmes, que j'avais pressenties.»[13]

C'est une honte, un scandale!

Simone termine en deux ans son essai sur les femmes, son «enfant»[14], comme elle l'appelle dans ses lettres à Algren. La naissance traîne un peu néanmoins. Une partie du texte paraît tout d'abord dans *Les Temps Modernes* entre mai et juillet 1948 sous le titre *La femme et les mythes*, chatouillant déjà la sensibilité de nombreux hommes. Mais le scandale à proprement parler éclate en mai de l'année suivante lorsque la revue publie, en une, un chapitre du deuxième tome intitulé «L'initiation sexuelle de la femme». Le premier tome n'est pas encore sorti, mais l'indignation atteint déjà des sommets. «On me reprocha tant de choses: tout!»[15] Certains «membres très actifs du premier sexe»[16] se sentent personnellement attaqués par ces propos et ne se gênent pas pour le dire à Simone qui croule sous le courrier parfois anonyme. On lui reproche d'être insatisfaite, nymphomane, frigide, lesbienne, d'avoir un enfant caché ou d'avoir avorté cent fois. Les commentaires haineux et gratuits n'ont pas attendu Internet pour exister. Simone est un danger pour la morale. Heureusement, les gardiens des bonnes mœurs sont là! Certains hommes lui proposent de la guérir de sa frigidité, d'autres de satisfaire ses appétits de goule.[17] C'est adorable, merci, mais non. Elle est menacée et insultée en pleine rue, on la moque, on la montre du doigt. L'écrivain catholique François Mauriac, que Simone admirait autrefois, écrit à l'un des collaborateurs des *Temps Modernes*: «J'ai tout appris sur le vagin de votre patronne.»[18] Même Camus, supposé être un bon ami de Simone et Sartre, l'accuse d'avoir «ridiculisé le mâle français»[19].

Malgré – ou grâce à – cette controverse, le premier tome du *Deuxième Sexe* se vend comme des petits pains: vingt-deux mille exemplaires dès la première semaine. Sorti en octobre, le deuxième tome accède rapidement lui aussi au rang de best-seller. C'est dans une lettre à Algren que Simone dévoile l'origine du titre de son essai: «(...) on appelle toujours les homosexuels le "troisième sexe" sans mentionner que les femmes viennent en second, et non simplement à égalité avec les hommes, la hiérarchie reste sous-entendue.»[20]
Une dénommée «ligue nordique de vertu» (tout un programme!) appelle la police à confisquer les exemplaires en vente dans les librairies[21]. Le livre est clairement immoral, et le Vatican n'attend pas pour le mettre à l'index. Dans l'Espagne franquiste comme en URSS, il figure sur les listes d'ouvrages interdits[22]. Les mouvements conservateurs s'opposent au livre pour des raisons assez évidentes – trop controversé, trop obscène, et prouvent sans le vouloir que Simone a touché plusieurs points sensibles. Mais la gauche socialiste ne l'épargne pas non plus, estimant à l'inverse que la critique sociale exprimée dans le livre ne va pas assez loin. Simone se fait beaucoup d'ennemis mais peut heureusement compter sur le soutien de plusieurs amis et collègues tels que Jacques-Laurent Bost, Maurice Merleau-Ponty ou encore Alberto Giacometti.

COLETTE AUDRY (1906-1990)
ÉCRIVAINE, ACTIVISTE & SŒUR DE CŒUR

Si elles s'en étaient tenues à leurs premières impressions respectives, Colette Audry et Simone de Beauvoir ne seraient probablement jamais devenues amies. Leur rencontre se fait en 1932 au lycée Jeanne-d'Arc de Rouen. Bien décidée à faire la connaissance de sa collègue – dont Paul Nizan lui a dit beaucoup de bien –, Simone débarque dans la salle des professeur·es : « Laquelle de vous est Colette Audry ? », ne faisant pas très bonne impression. Mais lors d'un déjeuner, elles se découvrent de nombreux points communs, dont leur aversion pour la bourgeoisie[23]. Colette est issue d'une famille politisée, elle est la petite nièce de Gaston Doumergue, président de la République de 1924 à 1931. Étudiante à l'École normale supérieure de jeunes filles de Sèvres, elle obtient en 1928 l'agrégation de lettres et travaille par la suite comme professeure.

À une époque où Simone ne s'intéresse pas encore à la politique, Colette lit Marx, rejoint une amicale communiste et envisage de prendre la carte du Parti. Son premier engagement demeure néanmoins le syndicalisme. Pendant la Seconde Guerre mondiale, Colette rejoint la Résistance à Grenoble. Toute sa vie, elle sera engagée dans la vie politique, d'abord à la SFIO (Section française de l'Internationale ouvrière)

puis au PSOP (Parti socialiste ouvrier et paysan) et enfin au PS (qui succède à la SFIO).
En parallèle, Colette mène une carrière artistique et littéraire: elle écrit pour *Les Temps Modernes*, reçoit en 1962 le prix Médicis pour son roman *Derrière la baignoire* et écrit des scénarios pour sa sœur, la réalisatrice Jacqueline Audry (son premier film, *Les Malheurs de Sophie* sort en 1946). Colette s'engage pour les droits des femmes dès le début des années 1960. Elle est l'une des cofondatrices du Mouvement démocratique féminin – sorte de *think tank* féministe qui soutient la candidature de François Mitterrand en 1965 – et dirige la collection «Femme» aux Éditions Denoël, publiant des œuvres signées Betty Friedan ou encore Eleanor Roosevelt. À Rouen, elle tente de discuter de la condition féminine avec Simone mais constate rapidement leurs différences de points de vue. Tandis que Colette passe par le prisme du politique (pour elle, il est clair que la libération des femmes ne pourra pas se faire dans un système capitaliste), Simone, à l'inverse, pense qu'il n'existe pas de «condition féminine». Il lui manque encore à cette époque le recul nécessaire pour envisager d'autres points de vue que le sien. Sartre taquine Colette sur son militantisme, estimant que les femmes n'ont pas leur place en politique, et elle le met en garde, un jour elle écrira un livre sur les femmes: «Patience, Sartre – si ce n'est pas moi, une autre s'en chargera.»[24]

Pourquoi *Le Deuxième Sexe* choque-t-il à ce point? Ses neuf cents pages n'ont pourtant rien d'un *Fifty Shades of Grey*! «L'initiation sexuelle», le chapitre si controversé, ressemble bien plus à un rapport clinique qu'à une nouvelle érotique. Si le livre fait scandale, c'est pour son analyse, précise et détaillée, et le message radical qu'il véhicule. Lorsqu'il paraît en 1949, les femmes ont certes obtenu le droit de vote et, en théorie, des «droits égaux à ceux de l'homme» en matière de travail et de rémunération (*dixit* le Préambule de la Constitution du 27 octobre 1946, ce qui montre bien que le problème de l'écart salarial n'est pas récent), mais la France demeure sous l'influence du catholicisme: certes, les femmes ont combattu aux côtés des hommes pendant la Résistance mais il est temps qu'elles retournent chez elles faire des enfants, il en va du bien de la Nation (plutôt réac, la Nation...). Le gouvernement conduit une politique de natalité, prônant la famille traditionnelle et la maternité. L'avortement est illégal, tout comme la contraception. C'est sans doute ce qui est le plus surprenant avec *Le Deuxième Sexe*: il paraît dans une période qui n'abrite aucun mouvement féministe unifié. Mais même sans cela, son autrice parvient à traiter des grands enjeux féministes de son époque. Beaucoup de femmes lisent *Le Deuxième Sexe* seules, dans la sphère privée, indépendamment d'un quelconque débat. Le livre est très en avance sur son temps, puisque la plupart des textes fondateurs du féminisme français ne paraîtront pas avant les années 1970.

«Un homme n'aurait pas idée d'écrire un livre sur la situation singulière qu'occupent dans l'humanité les mâles.»[29]

Non, la biologie ne prédestine à rien

Le Deuxième Sexe est découpé en deux tomes: *Les faits et les mythes* et *L'expérience vécue*. Dans l'introduction, Simone n'y va pas par quatre chemins: «L'humanité est mâle et l'homme définit la femme non en soi mais relativement à lui; elle n'est pas considérée comme un être autonome.»[25] L'homme estime relever de l'Absolu et renvoie ainsi la femme au Relatif ou, en termes existentialistes: «Le sujet ne se pose qu'en opposant: il prétend s'affirmer comme l'essentiel et constituer l'autre en inessentiel, en objet.»[26] L'homme est sujet, l'Un, la femme est objet, l'Autre. L'Un définit l'Autre – et non le contraire. La femme se trouve donc subordonnée à l'homme et Simone aimerait bien comprendre pourquoi. Elle aimerait aussi savoir «comment dans la condition féminine peut s'accomplir un être humain»[27]. Car le conflit (existentiel) réside dans le fait que l'Autre est lui aussi un individu cherchant à se transcender par l'intermédiaire de projets. La femme est bien, en tant qu'être humain, «une liberté autonome»[28]. Pourtant elle est cantonnée par l'homme au rôle d'objet et se retrouve prisonnière de l'immanence, un état où le temps serait figé. Pour comprendre pourquoi la condition féminine est ce qu'elle est, Simone croise les points de vue de trois domaines à la mode: la biologie, la psychanalyse et le matérialisme historique, mais les réponses qu'elle obtient ne la satisfont pas. Elle se tourne alors vers l'approche existentialiste pour analyser l'origine de l'oppression des femmes dans le contexte historique et la construction, par les hommes, des mythes relatifs à la féminité. Le deuxième tome complète le premier à l'aide de rapports d'expérience concrets: Simone y analyse le cheminement personnel de plusieurs femmes ainsi que leurs situations spécifiques. Elle les décrit comme n'étant pas uniquement victimes d'une société qui les mettrait dans une situation d'immaturité, mais également responsables de leur passivité et de leur statut d'objet (Sartre parlerait ici de *mauvaise foi*). Les femmes peuvent se satisfaire de ce statut pour plusieurs raisons: parce qu'il leur apporte certains avantages, ou encore parce qu'elles ont peur d'être indépendantes, et peur de la responsabilité qui va avec. Et puis c'est toujours plus facile de laisser les choses telles qu'elles sont plutôt que d'essayer de les changer.

Dans son analyse, Simone croise de nombreux exemples littéraires et culturels, cite des textes issus de différentes disciplines et finit par conclure par le fameux: «On ne naît pas femme: on le devient.»[30] Bref, la biologie ne prédestine à rien. L'anatomie ne présuppose aucune «essence féminine» qui pousserait la femme à se comporter ou vivre d'une façon déterminée. En différenciant sexe biologique et rôle social, Simone vient tout simplement de forger le concept de «genre». Pour elle, la catégorie «femme» n'est rien d'autre qu'une construction sociale.

SIX CITATIONS DU *DEUXIÈME SEXE* POUR BRILLER EN SOCIÉTÉ

«Un homme ne commence jamais par se poser comme un individu d'un certain sexe: qu'il soit homme, cela va de soi.»[31]
«La place de la femme dans la société est toujours celle [que les hommes] lui assignent.»[32]
«Dire que la femme est mystère, c'est dire non qu'elle se tait mais que son langage n'est pas entendu.»[33]
«On ne naît pas femme: on le devient. Aucun destin biologique, psychique, économique ne définit la figure que revêt au sein de la société la femelle humaine.»[34]
«Le fait d'être une femme pose aujourd'hui à un être humain autonome des problèmes singuliers.»[35]
«Le fait d'être un être humain est infiniment plus important que toutes les singularités qui distinguent les êtres humains.»[36]

Pour Simone, le fait d'avoir un corps féminin (au sens de «femelle») joue un rôle déterminant dans le cantonnement de la femme au statut d'objet, d'Autre. Elle estime que le corps n'est pas seulement une donnée physique, il est une *situation* philosophique, il porte une dimension éthique, il est un obstacle à l'émancipation, il suffit de prendre l'exemple de la reproduction ou même de la maternité. Ce sont les femmes qui sont enceintes, deviennent mères, et se retrouvent obligées de remplir les attentes qui vont avec ce rôle particulier. Simone réfute totalement l'idée d'un prétendu « instinct maternel » : « Le mot ne s'applique en aucun cas à l'espèce humaine. L'attitude de la mère est définie par l'ensemble de sa situation et par la manière dont elle l'assume. Elle est, comme on vient de le voir, extrêmement variable. »[37] Simone a été beaucoup critiquée pour sa présentation négative de la grossesse et de la maternité – elle parle notamment du fœtus comme d'un « parasite ». C'est vrai, Simone n'a pas d'enfant et elle cultive une certaine aversion pour tout ce qui touche au sujet, mais il est nécessaire de replacer ses propos dans le contexte de l'époque : une France dominée par le culte de la famille, où la maternité relève trop rarement du choix puisque la contraception et l'avortement sont interdits. Simone n'a jamais eu à avorter mais elle a soutenu Olga qui a dû y avoir recourt illégalement (*Le Sang des autres* y fait référence). C'est un sujet qui lui tient à cœur.[38]

Briser les tabous

La philosophie existentialiste qui sous-tend *Le Deuxième Sexe* ne se retrouve pas seulement dans la dichotomie « sujet/objet ». Elle transparaît également dans l'analyse de la condition féminine que Simone propose : la liberté individuelle est toujours limitée par la *situation* individuelle – car chaque situation est déterminée par différents facteurs, sociaux et culturels. En tant qu'existentialiste, Simone rejette tous les facteurs pouvant limiter la liberté de l'individu. Dans la philosophie existentialiste, l'individu n'*est* pas d'emblée, il doit d'abord *faire* quelque chose de lui-même. C'est pourquoi personne ne peut «naître femme». Cela signifierait sinon que le futur de tout être humain serait prédéterminé à la naissance: «Il faut encore une fois répéter que dans la collectivité humaine rien n'est naturel et qu'entre autres la femme est un produit élaboré par la civilisation.»[39] Décisions individuelles, habitudes et autres influences extérieures contribuent à faire naître des structures dont il est difficile – mais pas impossible – de s'extraire. Ainsi, la situation dans laquelle se trouvent les femmes peut être dépassée et Simone offre plusieurs perspectives sur le sujet dans le dernier chapitre du livre, «La femme indépendante». Elle y encourage les femmes à ne pas se contenter de libertés civiques (comme le droit de vote) mais à rechercher également l'indépendance financière. Gagner son propre argent est pour Simone un pas hors de la dépendance, hors du rôle de l'Autre: «Dès qu'elle cesse d'être un parasite, le système fondé sur sa dépendance s'écroule; entre elle et l'univers il n'est plus besoin d'un médiateur masculin.»[40] Mais l'autonomie économique ne conduit pas obligatoirement à l'émancipation. La femme doit d'abord faire «l'apprentissage de son délaissement et de sa transcendance.»[41] Pour être vraiment libre, elle doit se considérer l'égale de l'homme en tant qu'être humain. Une perspective qui ne convient pas à beaucoup d'hommes car cela vient menacer leur position privilégiée. Pour Simone, il est important de préciser que même si la femme finit par se voir et être vue comme un être humain avant tout, cela ne viendra pas gommer les différences entre les deux sexes. Égalité ne veut pas dire uniformité, « il demeurera toujours entre l'homme et la femme certaines différences. »[42]

En 1949, déjà, elle s'attaque à des questions qui font encore débat aujourd'hui : l'égalité met-elle en danger la sexualité ? La passion peut-elle exister entre deux personnes égales ? Renonce-t-on à sa vie sexuelle en s'émancipant ? Pour Simone, la réponse est clairement non : « Dans la sexualité se matérialiseront toujours la tension, le déchirement, la joie, l'échec et le triomphe de l'existence. »[43] Pour l'homme, la femme est toujours « l'Autre » et inversement, c'est ce qui les rend intéressants et désirables l'un pour l'autre – en voilà des nouvelles rassurantes ! Mais l'égalité des sexes reste encore loin : « Certainement, il ne faut pas croire qu'il suffise de modifier sa condition économique pour que la femme soit transformée : ce facteur a été et demeure le facteur primordial de son évolution ; mais tant qu'il n'a pas entraîné les conséquences morales, sociales, culturelles, etc., qu'il annonce et qu'il exige, la femme nouvelle ne saurait apparaître ; à l'heure qu'il est, elles ne se sont réalisées nulle part, pas plus en URSS qu'en France ou aux USA. »[44]

Simone déconstruit avec courage, intelligence et créativité (et c'est souvent très divertissant) l'idée selon laquelle il existe des caractéristiques typiquement féminines qui justifieraient le statut accordé aux femmes: elle applique aux femmes la représentation existentialiste de l'individu comme libre conscience évoluant dans une situation donnée. Sa méthodologie est parfois, disons... originale, et certaines de ses sources sont difficiles à vérifier mais Simone n'a jamais prétendu écrire un ouvrage scientifique: *Le Deuxième Sexe* a été pensé dès le début pour être lu par un large public, ce qui explique le style facile d'accès et par endroit délicieusement ironique («un énorme ovule rond happe et châtre le spermatozoïde agile»[45]).

Les tabous que sont à l'époque l'avortement, la prostitution ou la sexualité sont abordés très ouvertement, pour permettre à toutes et tous d'en discuter – le privé est politique! Résultat, Simone reçoit de nombreuses lettres de femmes. Certaines se présentent même à la rédaction des *Temps Modernes* car elles souhaitent avorter et veulent lui demander son aide. *Le Deuxième Sexe* encourage les femmes à prendre la responsabilité de leur propre vie et leur donne les munitions dont elles ont besoin pour comprendre et remettre en question ce qui les handicape. «Si mon livre a aidé les femmes, c'est qu'il les exprimait, et réciproquement elles lui ont conféré sa vérité.»[46] écrit-elle, modeste, dans ses mémoires.

LOST IN TRANSLATION

Lorsqu'il paraît aux États-Unis en 1953, *Le Deuxième Sexe* se place immédiatement en tête des ventes et, cette fois-ci, ne provoque aucun scandale. Simone peut tranquillement savourer son succès. On sait néanmoins aujourd'hui que Howard M. Parshley, l'émérite professeur de zoologie qui s'était chargé de la traduction, avait largement coupé dans le texte. Simone savait qu'il y aurait quelques coupes, mais elle n'avait aucune idée de l'ampleur des dégâts. Sans parler des omissions qui ne sont nulle part mentionnées ou justifiées. Il faut ajouter aussi les erreurs de traduction dues à une volonté de simplification et la disparition du vocabulaire existentialiste[47]. Au lieu de familiariser le lecteur américain avec la pensée existentialiste, la maison d'édition a préféré retirer la dimension philosophique du livre – ne faisant pas confiance à son lectorat pour comprendre cet existentialisme français si compliqué. Heureusement, le livre a été retraduit depuis, grâce à l'insistance des féministes notamment. Lorsque Simone apprend la mort de Parshley en 1953, elle écrit à Algren : « Mon pauvre traducteur est mort, le saviez-vous ?, d'une crise cardiaque. Il ne pouvait sans doute plus vivre sans traduire *Le Deuxième Sexe*, l'existence avait perdu toute signification pour lui et il est mort. »[48] Lol.

*«Certes,
il existe entre la femelle
humaine et le mâle des
différences génétiques,
endocriniennes,
anatomiques:
elles ne suffisent pas
à définir la féminité.»* [52]

Le socialisme n'y suffira pas

Bien que Simone ait écrit un classique féministe, elle ne se considère pas elle-même comme féministe lorsque le livre paraît. Cela vient d'abord du fait qu'à l'époque, il n'existe pas encore de mouvement féministe et donc pas d'association ou de groupe avec lequel Simone pourrait travailler. Ensuite, Simone est socialiste et pense donc qu'une transformation du système capitaliste – solution à la contradiction de classes – entraînera automatiquement la libération des femmes, une idée partagée par la majorité des intellectuel·les de gauche des années 1950, 1960 et 1970. «*Le Deuxième Sexe* peut être utile à des militantes mais ce n'est pas un livre militant. Je pensais que la condition féminine évoluerait en même temps que la société.»[49] Mais le temps passe et, comme beaucoup d'intellectuel·les d'Europe de l'Ouest, Simone ne voit plus dans le socialisme de promesse de salut. Déçue par le régime soviétique, elle doit se rendre à l'évidence: la mise en place du socialisme dans une société ne va pas automatiquement de pair avec l'égalité des sexes. Même chez les communistes, la libération des femmes n'est pas une priorité. En 1966, répondant aux questions du philosophe Francis Jeanson, Simone définit le féminisme comme «une manière de vivre individuellement, et une manière de lutter collectivement»[50]. Elle explique se considérer elle-même comme «radicalement féministe» dans la mesure où elle refuse au maximum la différence comme *donnée.*[51]

C'est donc à la fin des années 1960 que Simone devient «officiellement» féministe. Le *Mouvement démocratique féminin*, fondé en 1962, voit naître en 1967 à Paris le groupe *Féminin, Masculin, Avenir*. Un autre groupe se forme quelques mois plus tard autour d'Antoinette Fouque, Monique Wittig et Luce Irigaray à l'université de Vincennes, qui débouchera plus tard sur la création par Antoinette Fouque du groupe *Psychanalyse & Politique (Psy et Po)* au sein du MLF (Mouvement pour la libération des femmes). Ses membres y lisent Marx et Freud mais aussi Lacan. Lors des manifestations de Mai 68, beaucoup de femmes réalisent que les hommes ont tendance à monopoliser la parole, ou, comme Simone saura plus tard le résumer: «Les femmes tapaient à la machine et faisaient le café dans ces groupes pseudo-révolutionnaires.»[53] Ce qu'on appelle la deuxième vague féministe française naît donc aussi en partie en réaction directe aux comportements machos observés pendant les événements. En août 1970 a lieu la première action officielle du MLF: neuf féministes se rendent sous l'Arc de triomphe déposer une gerbe de fleurs «à la femme du soldat inconnu» en brandissant des banderoles portant des slogans tels que «Il y a plus inconnu que le soldat inconnu, sa femme» ou encore «Un homme sur deux est une femme».

Simone, depuis longtemps en contact avec des étudiantes de Nanterre qui s'intéressent au *Deuxième Sexe*, devient véritablement militante au début des années 1970. Le mouvement féministe est alors divisé en de nombreux sous-groupes (parmi lesquels *Psy et Po* ou encore le groupe des *Féministes Révolutionnaires*) qui ne partagent pas toujours les mêmes priorités. Le combat pour la légalisation de l'avortement parvient néanmoins à les réunir. Le MLF lance une large campagne. Estimant alors que le soutien de quelques personnalités ne pourrait pas faire de mal, quelques jeunes féministes décident de se tourner vers la célèbre Simone de Beauvoir. Après tout, celle-ci expliquait déjà dans *Le Deuxième Sexe* pourquoi l'avortement devait être un droit. Parmi les femmes du MLF qui souhaitent contacter Simone se trouve l'autrice allemande Alice Schwarzer, alors étudiante à l'université de Vincennes:

«À l'automne 1970 nous furent plusieurs de mon groupe à nous présenter chez Simone de Beauvoir au 12 rue Schœlcher. C'était l'époque où Sartre faisait parler de lui à cause de son compagnonnage avec les maoïstes. Que découvrions-nous une fois à l'intérieur? Simone de Beauvoir, dont *Le Deuxième Sexe* nous avait à toutes ouvert les yeux et sans laquelle le Nouveau Féminisme n'aurait pu faire de telles avancées, était de notre côté! Elle était totalement d'accord avec nos arguments. Nous, les jeunes féministes, prêchions une convertie. Les rencontres et repas chez elles devinrent rapidement une habitude. Nous avions entre trente et quarante ans en moyenne, elle en avait soixante et un.»[54]

Une nouvelle génération

Toutes les militantes du MLF ne partagent pas l'enthousiasme de Schwarzer pour Simone de Beauvoir et

Le Deuxième Sexe. Simone fait partie de la génération d'avant, son livre a déjà vingt ans et reste discutable sur beaucoup de points. Leur scepticisme tient notamment à la philosophie existentialiste qui sous-tend *Le Deuxième Sexe*: les structuralistes et poststructuralistes tels que Lacan, Foucault ou Barthes sont désormais à la mode et pour nombre de jeunes féministes qui s'intéressent à la psychanalyse et à la déconstruction, Simone fait probablement office de vestige des temps anciens. Ce qu'elles critiquent aussi, c'est la représentation négative de la maternité et du corps féminin qui sont faites dans le livre ainsi que la manière de penser «masculine» de Simone. On lui reproche – encore aujourd'hui – d'avoir basé son livre sur une philosophie masculine et donc utilisé un raisonnement masculin pour analyser l'oppression de la femme. De plus, le livre exigerait des femmes qu'elles s'adaptent aux caractéristiques et aux comportements masculins. Simone donne à certaines l'impression de se considérer comme une exception, un cas particulier, et de négliger les acquis obtenus par d'autres femmes avant elle. Parce qu'elle a réussi tout ce qu'elle avait entrepris, elle attendrait de toutes cette même détermination et aurait la critique facile envers celles qui se montreraient trop faibles ou trop passives. Beaucoup de féministes lui reprochent également d'être particulièrement dure avec les femmes, analysant leur oppression avant tout au prisme des relations interpersonnelles sans prendre suffisamment en compte les facteurs économiques, sociaux et culturels. Toutes ces critiques sont justifiées, et Simone ne les a d'ailleurs jamais réfutées.

Les années 1970 voient *Le Deuxième Sexe* passer du statut d'œuvre jadis incontournable à celui de livre démodé, lui qui était pourtant en avance sur son temps en thématisant le droit à l'avortement, la contraception, l'indépendance économique, et en démystifiant des thèmes alors tabous comme la maternité ou l'homosexualité. Ces thèmes ne font plus autant débat dans les années 1970 – et lorsqu'ils sont discutés, ils ne le sont plus en lien avec Simone ou *Le Deuxième Sexe*. Il est difficile de savoir quelle véritable influence a eu le livre sur le mouvement féministe français tant les avis divergent. Il est d'ailleurs très possible que la personnalité de Simone et son style de vie – sans enfant, pas mariée, libre – aient davantage influencé que *Le Deuxième Sexe*: Simone est une femme inspirante, et sa vie l'est au moins autant que ses idées. Mais il est tout aussi vrai que beaucoup de ses idées furent reprises (sans pour autant lui être attribuées) par des féministes américaines telles que Betty Friedan ou Kate Millett.

DES CONCEPTS INSPIRÉS PAR SIMONE

Le Deuxième Sexe est souvent considéré comme un ouvrage daté, voire une relique des temps anciens. Il a pourtant inspiré – du moins influencé – certains concepts féministes modernes.

La notion de **genre**: en écrivant «on ne naît pas femme: on le devient», Simone renverse l'hypothèse selon laquelle le genre est une donnée biologique et insiste sur le rôle des facteurs sociaux et culturels rencontrés tout au long du processus. D'après elle, la féminité relève du construit et n'a rien de naturel. Une idée que l'on retrouve aujourd'hui dans la distinction entre *sexe* (qui renvoie aux caractéristiques biologiques) et *genre* (qui renvoie aux comportements déterminés socialement).

Le langage épicène: Simone y réfléchit déjà dans *Le Deuxième Sexe* – même si on lui reproche d'utiliser une langue «masculine». Elle fait remarquer qu'en français, le terme «Homme» désigne aussi bien l'homme que l'être humain en général. La langue dispose d'un certain pouvoir, or, qu'est-ce que cela dit du rapport homme/femme dans notre société lorsque la langue exclut d'emblée le genre féminin de l'ensemble des êtres humains – ou du moins sous-entend son appartenance?

Simone montre dans *Le Deuxième Sexe* que **le privé est politique**, bien des années avant que cela ne devienne l'un des slogans de la deuxième vague féministe. En donnant la parole à différentes femmes et en leur permettant de raconter leurs expériences personnelles, Simone fait entendre leur voix et met en lumière ce que ces expériences disent du modèle social.

Pour le droit à l'avortement

Entre les critiques envers *Le Deuxième Sexe* et la remise en cause de son influence sur le féminisme moderne, Simone se réjouit que de jeunes féministes la contactent et décide de s'engager plus activement. Elle commence par signer le Manifeste des 343 salopes, publié le 5 avril 1971 dans *Le Nouvel Observateur* et dans lequel trois cent quarante-trois femmes, parmi lesquelles Jeanne Moreau ou encore Marguerite Duras, déclarent avoir déjà avorté. Ce n'est pas le cas de Simone mais elle veut se montrer solidaire. À cette époque, elle a totalement laissé tomber l'idée qu'une révolution socialiste règlera la question de l'oppression des femmes et le dit même à la télévision. Le 6 avril 1975, elle est l'invitée de l'émission *Questionnaire*, dont le thème est ce soir-là: «Pourquoi je suis féministe». Assise face à Jean-Louis Servan-Schreiber, elle porte un turban bleu ciel, ses doigts ne cessent de s'agiter, c'est sa première télévision et elle est vraisemblablement nerveuse. Elle explique malgré tout avec assurance: «L'histoire du communisme par rapport aux femmes est une histoire assez compliquée parce que (les communistes) considéraient que le problème des femmes était un problème secondaire, que la contradiction des sexes est une contradiction secondaire à côté de la contradiction de classes qui est une contradiction primaire.»

Le sort des femmes étant différent de celui réservé aux hommes, même dans des pays communistes,

Simone accepte à présent de se qualifier de féministe. Dans *Le Deuxième Sexe*, elle s'est principalement concentrée sur la dimension analytique et n'a pas développé de véritables méthodes qui pourraient permettre aux femmes de s'émanciper. Elle découvre donc avec joie que de jeunes féministes cherchent à le faire en se basant plus ou moins consciemment sur son livre. Au sein du mouvement féministe, dont elle fait désormais partie, Simone choisit de se porter comme soutien plutôt que de poursuivre sa propre analyse. Elle utilise sa célébrité pour donner de la visibilité aux revendications féministes. Elle se met, selon ses propres termes, «au service du MLF»[55]. Simone a depuis longtemps pris l'habitude de rencontrer des femmes pendant ses voyages politiques pour discuter de leur situation. Elle les écoute, les laisse lui raconter comment elles vivent cette discrimination et n'hésite pas à aborder la question du droit des femmes pendant ses interventions sur place – souvent au grand dam des organisateurs. En Égypte, un vieil homme vient à sa rencontre: «L'inégalité de la femme, mais c'est la religion, ça madame; c'est écrit dans le Coran.»[56]

En France aussi, Simone cherche à rencontrer des femmes qui partagent ses idées et écoute attentivement ce que lui racontent les militantes du MLF. Elle se sent inspirée. Dans une interview datant de 1976, Alice Schwarzer lui demande si les jeunes féministes qu'elle côtoie lui ont appris quelque chose: «Oui! Beaucoup de choses! Elles m'ont radicalisée dans beaucoup de mes points de vue. (...) Elles ont raison, il faut lutter! Ce qu'elles m'ont enseigné en gros, c'est la vigilance. Qu'il ne faut rien laisser passer. Même pas les petites choses, ce sexisme dont on a tellement l'habitude.»[57]

Bien que Simone ne se considère pas «militante dans le sens strict du terme»[58], elle prend part à de nombreuses actions. En 1971, elle devient présidente de l'association *Choisir la cause des femmes* fondée par Gisèle Halimi qui se bat, entre autres, pour le droit à l'avortement. En 1972, elle témoigne dans le procès de Bobigny: cinq femmes sont jugées pour avoir avorté illégalement, parmi lesquelles une mineure dont la grossesse résultait d'un viol. L'engagement et le combat des féministes finissent par porter leurs fruits: en 1975, la loi Veil légalise enfin l'avortement. Pour Simone, pas question d'en rester là. Elle participe à différentes rencontres et événements féministes, préside pendant un temps la *Ligue du droit des femmes*, s'engage contre les discriminations au travail et soutient (y compris financièrement) plusieurs maisons des femmes. En 1973, Simone crée au sein des *Temps Modernes* une rubrique intitulée *Le sexisme ordinaire* qui incite les lectrices à partager leurs expériences. En 1977, elle devient directrice de la publication du magazine *Questions féministes* (plus tard *Nouvelles questions féministes*) fondé, entre autres, par Christine Delphy[59].

GISÈLE HALIMI (1927-) AVOCATE, ACTIVISTE & SŒUR D'ARMES

Adolescente déjà, Gisèle Halimi est une rebelle: à treize ans, elle entame une grève de la faim pour ne plus avoir à faire le lit de son frère. Gisèle vient en effet d'une famille juive tunisienne dont les traditions sont très claires concernant le rôle «naturel» des femmes. Pas étonnant qu'en devenant avocate, Gisèle se spécialise dans le droit des femmes. Elle rencontre Simone au début des années 1960 à l'occasion de l'affaire Djamila Boupacha. Ensemble, elles combattront par la suite pour la légalisation de l'avortement. Toutes deux signent le *Manifeste des 343* et s'engagent au sein de *Choisir la cause des femmes*. Réalisant avec les années qu'il n'y a pas assez de place pour deux femmes aussi têtues dans l'association – l'une comme l'autre aiment avoir raison et n'ont pas l'habitude de faire des compromis –, Simone prendra du recul jusqu'à ce que leurs chemins se séparent définitivement. En 1972, lors du procès de Bobigny, Gisèle défend une mère qui a aidé sa fille à avorter suite à un viol. Simone est appelée à témoigner. Le retentissement du procès jouera en la faveur de la dépénalisation de l'avortement trois ans plus tard. Gisèle s'engage alors sur d'autres fronts. En 1978, elle assure la défense de deux jeunes femmes victimes de viol et contribue ainsi à l'adoption d'une loi, en 1980, qui reconnaît le viol non plus comme un délit mais comme un crime.

Les engagements de Gisèle Halimi ne se limitent pas à la défense des droits des femmes: comme Simone et Sartre, elle participe en 1967 au Tribunal Russell. De 1981 à 1984, elle est députée socialiste de l'Isère à l'Assemblée nationale. De 1985 à 1986, elle représente la France à l'Unesco, à la demande du président socialiste François Mitterrand. Gisèle l'a soutenu dès sa première campagne électorale en 1965, mais lorsqu'il est enfin élu en 1981, elle ne tarde pas à être déçue et se montre plus critique. En 1998, elle cofonde l'association altermondialiste ATTAC. Mais elle revient sans cesse à la question de l'égalité femmes-hommes. Frustrée de constater le peu d'avancées effectuées dans ce domaine, elle déclare en 2008 au magazine allemand *Der Spiegel*: «Ce problème refuse de me laisser en paix»[60].

Féminisme égalitariste *vs* féminisme différentialiste

Simone a été actrice et témoin des années durant lesquelles le féminisme français a grandi et s'est structuré – et cela n'a pas été un long fleuve tranquille. À la querelle autour de l'autonomie du mouvement par rapport au champ politique (faut-il faire de la politique pour faire avancer la cause des femmes ou au contraire s'en tenir éloignées?) s'ajoute un autre sujet de désaccord au sein du MLF: il y a d'un côté les partisanes d'un féminisme égalitariste (comme Simone) et de l'autre celles d'un féminisme différentialiste. Les égalitaristes considèrent que les différences entre les hommes et les femmes dépendent de constructions sociales et culturelles qui font basculer le rapport de force en faveur des hommes. Les différentialistes insistent quant à elles sur les différences entre hommes et femmes et entre les rôles de chacun, attribuant ainsi aux femmes un rôle spécifique au sein de la société. La théorie de l'«écriture féminine» est typique du féminisme différentialiste. Fondée par Luce Irigaray, Julia Kristeva ou encore Hélène Cixous, elle consiste à sortir d'un système dominé par une «écriture phallocentrique» et à se réapproprier la langue et la littérature. Les femmes doivent parler d'elles-mêmes et proposer des textes écrits d'un point de vue féminin. Pour Simone, il n'y a pas d'essence féminine, et elle rejette l'écriture féminine comme le féminisme différentialiste. Son féminisme se nourrit d'une philosophie existentialiste et universaliste qui rejette les données biologiques. Cette différence de perception quant aux inégalités femmes-hommes et à la façon de les combattre conduit à des conflits qui occupent encore les féministes aujourd'hui.

Dans les années 1970, alors que le mouvement féministe émerge et que Simone en est l'une des figures marquantes, les jeunes féministes françaises doivent prendre position: adopter ou rejeter les théories du *Deuxième Sexe*. Simone, de son côté, préfère agir que prendre part aux discussions théoriques. En 1981, elle soutient la campagne de François Mitterrand. Deux ans plus tard, Yvette Roudy, ministre des Droits de la femme, lui propose de présider une commission « Femmes et Culture » réunissant des femmes de divers horizons sociaux et professionnels pour faire des propositions concrètes en faveur de l'égalité femmes-hommes. Simone accepte et se met au travail. Une fois par mois, on vient la chercher à son domicile pour l'emmener au ministère où se réunit le groupe, surnommé « Commission Beauvoir ». Ce sera l'un de ses derniers engagements. Simone s'éloigne lentement des combats féministes au profit de rôles honorifiques[61] : âgée de soixante-quinze ans, elle laisse volontiers la place à la jeune génération, d'autant que son état de santé s'est dégradé depuis la mort de Sartre en 1980. Elle se contente désormais de mettre son nom à disposition des causes qui lui tiennent à cœur.

LES FEMMES ET LA CRÉATION

En tant qu'écrivaine, Simone connaît bien les obstacles qui se dressent sur le chemin des femmes artistes. Les petites phrases mi-désolées, mi-fatalistes du type : « Peut-être que les femmes ne sont pas aussi douées que les hommes, c'est pour ça qu'elles ont moins de succès ! », elle les a entendues plus d'une fois. Lors d'une conférence donnée au Japon en 1966, Simone y répond une bonne fois pour toutes : « Les femmes elles-mêmes, dans la mesure où elles tentent quelque chose, ne le tentent pas avec la même audace, avec le même espoir que les hommes. Elles partent battues d'avance parce qu'elles savent que la société ne leur donnera pas leur chance.»[62] Dans *Le Deuxième Sexe*, elle écrit que beaucoup des reproches faits aux femmes, leur soit-disant médiocrité par exemple, ont une explication très simple: «On enferme la femme dans une cuisine ou dans un boudoir, et on s'étonne que son horizon soit borné.»[63] Pour Simone, les femmes ne sont pas moins capables, moins créatives ou moins douées. Leur place, leur situation dans le monde est seulement très différente de celle des hommes. Elles sont considérées, et donc jugées différemment. Comment ne pas tenir compte de cela quand on est une femme créative?

Vivre libre

Simone meurt le 14 avril 1986. Les nombreuses nécrologies publiées la décrivent alors comme un modèle féministe. Le fameux motto «On ne naît pas femme: on le devient» est cité partout. Et nombreux·ses sont celles et ceux qui considèrent que ses mémoires ont été aussi importants que ses essais tant ils ont influencé la vie de beaucoup de femmes en France et à l'étranger. On y trouve tout ce qui rend Simone si fascinante: sa volonté de faire quelque chose d'elle-même, son besoin vital d'engagement, d'action et de liberté – ils racontent l'histoire d'une émancipation. *Le Deuxième Sexe*, à l'inverse, fait aujourd'hui office de parent pauvre. On le

«Non, nous n'avons pas gagné la partie: en fait depuis 1950 nous n'avons quasi rien gagné.» [65]

mentionne souvent mais qui l'a ouvert? C'est certainement l'ouvrage féministe le plus cité mais le moins lu! On lui doit pourtant la première apparition du concept de genre, et il demeure encore et toujours très actuel. En témoigne l'extrait suivant, qui pourrait tout à fait avoir été écrit dans le contexte des élections américaines de 2016 qui ont vu la majorité des femmes blanches voter pour Donald Trump, candidat pourtant ouvertement misogyne: «Elles vivent dispersées parmi les hommes, rattachées par l'habitat, le travail, les intérêts économiques, la condition sociale à certains hommes – père ou mari – plus étroitement qu'aux autres femmes. Bourgeoises, elles sont solidaires des bourgeois et non des femmes prolétaires; blanches, des hommes blancs et non des femmes noires.»[64]

Ce qu'on oublie peut-être encore davantage que la force et la pertinence du *Deuxième Sexe*, c'est qu'il existe une sorte de suite à ce texte: *La Vieillesse*, essai paru en 1970 et tout aussi radical que son prédécesseur. Pour Simone, la vieillesse, comme le genre, est un «fait culturel»[66]. Pour écrire ce livre, elle travaille comme précédemment: elle lit des textes issus de différents domaines, recense mythes et préjugés et consacre la deuxième partie de l'essai à des exemples individuels concrets. Simone constate ainsi que la vieillesse est encore plus difficile à vivre pour les femmes en raison de leur situation générale, des handicaps auxquels elles font déjà face mais aussi de leur mystification. Ce thème la touche particulièrement, elle qui n'aime pas se voir vieillir et se considère déjà vieille à cinquante ans, tant elle a du mal avec les changements qui s'opèrent dans son corps. Elle en parle toujours avec une certaine mélancolie. Dans *La Femme rompue*, recueil de nouvelles paru en 1967, les protagonistes sont des femmes d'un certain âge qui passent par différentes crises existentielles, se sentent seules et voient leur avenir d'un œil assez pessimiste. Dans les mois suivant la publication du recueil, Simone reçoit de nombreuses lettres de féministes déçues de lire des récits qui n'ont «rien de militant»[67]. Simone aurait dû, selon elles, montrer des personnages de féministes fortes plutôt que ces femmes malheureuses. Les héroïnes des romans de Simone ne sont jamais vraiment sympathiques. Toutes ont leurs défauts, leurs singularités. Sont-elles pour autant moins «féministes»? Simone trahit-elle les idéaux féministes en mettant en scène des femmes en position de faiblesse et non des femmes fortes? Elle, en tout cas, ne le voit pas ainsi: «(...) je ne me sens pas astreinte à choisir des héroïnes exemplaires. Décrire l'échec, l'erreur, la mauvaise foi, ce n'est, me semble-t-il, trahir personne.»[68]

LES TROIS PLUS GROS MALENTENDUS CONCERNANT *LE DEUXIÈME SEXE*

1. Simone déteste les enfants et la maternité

Il est vrai que le point de vue de Simone sur la maternité n'est pas spécialement positif, ce qui lui a valu les critiques de nombreuses féministes. On explique souvent cela par le fait qu'elle n'avait pas d'enfant et n'en voulait pas. Ce n'est qu'une partie de l'explication. L'autre trouve ses racines dans le contexte historique: Simone écrit *Le Deuxième Sexe* dans une France où la contraception et l'avortement sont interdits. Elle est témoin de la détresse de nombreuses femmes n'ayant pas désiré leur grossesse. À cette époque, l'État ne permet pas aux femmes de décider elles-mêmes si elles veulent devenir mères. Pour Simone, il s'agit d'une terrible injustice. La maternité, d'après elle, enchaîne encore plus les femmes à leur foyer et leur mari – c'est en effet le cas dans les années 1940 et 1950, et *Le Deuxième Sexe,* écrit en 1949 témoigne de sa colère. Plus tard néanmoins, Simone insistera à plusieurs reprises sur le fait que la maternité peut aussi avoir une «valeur positive»[69].

2. Simone nie les différences entre les genres

Au contraire. Simone insiste seulement sur le fait que les prétendues différences «naturelles» entre les hommes et les femmes ont souvent bien plus à voir avec des influences socioculturelles qu'avec la biologie. Elle ne nie pas les différences entre les genres puisqu'elle assure que certaines différences ne pourront jamais disparaître[70] (égalité ≠ uniformité). Simplement, ces différences ne doivent pas être le prétexte à des injustices et des inégalités entre les genres.

3. Simone nie sa propre féminité

Voici la légende qu'on raconte volontiers: un jour, Georges de Beauvoir dit à sa fille prépubère que, malheureusement pour elle, elle est moche. Celle-ci fera donc tout pour impressionner par son esprit et non par son apparence – dont elle ne se préoccupera plus. Pas étonnant, donc, qu'elle abhorre la maternité (voir point 1.) et qu'elle souhaite effacer les différences entre les genres (voir point 2.) Quelle belle histoire... si seulement elle était vraie ! Car en réalité Simone ne cessera jamais d'aimer les jolis vêtements et le maquillage. Elle est d'ailleurs tellement attirante qu'elle provoque souvent de véritables explosions hormonales chez ses étudiantes. Elle ne nie pas sa féminité (« Il est bien évident que je me sens une femme »[71]), mais ne se laisse pas non plus réduire à cela, c'est écrit très clairement dans *Le Deuxième Sexe*. Elle ne rejette pas ce qui a valeur de « féminin », elle insiste même sur le fait que « renoncer à sa féminité, c'est renoncer à une part de son humanité. »[72] L'être humain est « sexué »[73], mais elle montre que beaucoup de représentations de la féminité relèvent de mythes sans fondement plaqués sur les femmes. Simone refuse de se battre avec des « armes de femme » et d'opposer des valeurs dites masculines et féminines. L'acceptation de valeurs masculines par les femmes n'est pas non plus efficace selon elle. Que faire alors? Simone encourage les femmes à se définir comme des êtres humains, tout simplement.

C'est sûr, Simone n'est sans doute pas le parfait modèle féministe. Elle s'est parfois (souvent?) trompée, dans ses propos ou ses actions. Mais elle a toujours été prête à apprendre de ses erreurs, à laisser la place aux jeunes féministes sans leur dire ce à quoi devait ressembler le «vrai» féminisme. Elle a mis sa célébrité à disposition du mouvement sans pour autant s'imposer. Elle s'est émancipée, et a vécu avec passion et radicalité. Elle a écrit, de façon claire et en toute conscience, sur ses connaissances en matière d'(in)égalité des sexes. Enfin, elle a très tôt compris et prévenu que le féminisme, aussi bien que sa nécessité, serait sans cesse remis en question.

«Mais pour ou contre quoi vous battez-vous, les femmes ont déjà tout obtenu!»... vous avez déjà entendu ça, non? Eh bien voici ce que répondait Simone dans un discours prononcé en 1966 (ces quelques lignes sont à vous, maintenant, n'hésitez pas à vous en resservir. Simone serait fière de vous!):
«Je conclurai donc en vous disant qu'à mon avis le féminisme est loin d'être dépassé et qu'au contraire il faut le maintenir vivant; s'y opposer, le nier, ce n'est pas dépasser quelque chose, mais c'est régresser. Je pense que le féminisme est une cause commune de l'homme et de la femme et que les hommes n'arriveront à vivre dans un monde plus juste, mieux organisé, un monde plus valable, que lorsque les femmes auront un statut plus juste et plus valable; la conquête de l'égalité entre les sexes les concerne tous les deux. D'autre

part, les femmes ne doivent pas s'enfermer dans des revendications spécifiques. Il faut qu'elles en élargissent la portée, et qu'elles luttent aussi au côté des hommes pour un changement général de la société, parce qu'elles n'arriveront à faire triompher leur propre cause qu'en aidant au progrès de l'humanité tout entière.»[74]

ÉPILOGUE

Dans mon appartement, tout en haut de ma bibliothèque, il y a une boîte violette. Elle est remplie de vieux journaux intimes, pour la plupart de minces carnets Moleskine noirs. Simone est présente dans nombre d'entre eux. La première occurrence date de janvier 2007. C'est l'année où j'ai passé mon bac. On peut lire en rouge, tout en haut d'une page: Simone de Beauvoir (1908-1986) et en-dessous un texte trouvé sur Internet: «Jean-Paul Sartre et Simone de Beauvoir considèrent la liberté, l'égalité et l'autodétermination comme des valeurs fondamentales. Ils partent du principe que chaque individu se définit avant tout par ses actions; il tient à lui de prendre des décisions, sans se cacher derrière la tradition ou la religion, ni derrière des idéologies ou des doctrines, même si la damnation qui conduit à la liberté peut faire peur.»

Il y a près d'un siècle, Simone écrivait dans son journal: «(...) j'accepte la grande aventure d'être moi.»[1] Elle a alors vingt et un ans et toute sa vie devant elle. Pourtant elle a déjà tant vécu: en quittant le domicile familial, elle a fait une croix sur la bourgeoisie, ses valeurs, ses attentes. Simone n'est pas ce qu'on peut appeler une rebelle, son chemin a plutôt été façonné par les circonstances sociales, des circonstances dont elle s'est servie pour commencer une nouvelle vie, une vie choisie, une vie libre.

Sa vie est son œuvre, et son œuvre est sa vie. Au fil de cette «grande aventure» Simone a fait des erreurs, pris de mauvaises décisions, mais, et c'est ce qui la différencie d'autres grandes penseuses et penseurs – dont Sartre –, elle n'a jamais cessé d'interroger le monde et de se remettre en question. Elle n'a jamais fermé les yeux sur quoi que ce soit, n'était pas du genre à s'inventer des excuses et tolérait difficilement cette tendance chez les autres. Toute sa vie elle a conservé cette soif d'apprendre. Son intrépidité, sa curiosité et son absolue volonté d'être libre me fascinent depuis le jour où j'ai tenu pour la première fois l'un de ses livres. Aujourd'hui encore, je me tourne vers elle régulièrement: je lis ses lettres à Sartre lorsque j'ai besoin de motivation par exemple. Son ardeur au travail transparaît à chaque page et déclenche chez moi un irrépressible besoin de faire de même. Quand je m'interroge sur les relations amoureuses et l'amour en général, j'attrape *L'Invitée*. Quand je me demande ce qui me plaît vraiment, ce qui m'émeut, je me plonge dans *Pyrrhus et Cinéas*. Et puis je lis *Le Deuxième Sexe* quand je veux me rappeler tout ce que le féminisme a accompli, ou plutôt, quand je veux me rappeler tout ce que le féminisme n'a pas encore obtenu et que j'ai besoin de munitions.

«Car ceci est ma vie; personne ne peut m'aider à être»[2], écrit Simone dans son journal en mai 1929. Celles et ceux qui lisent les livres, essais, lettres et journaux de Simone aujourd'hui peuvent en témoigner: elle a un don pour vous aider à «être», à être curieux·se, intrépide, libre, à agir et à faire de votre vie une aventure.

NOTES

Devenir

1. Simone de Beauvoir, *La Force des choses*
2. Simone de Beauvoir, *ibid.*
3. Hélène de Beauvoir, *Souvenirs*
4. Simone de Beauvoir, *Mémoires d'une jeune fille rangée*
5. Hélène de Beauvoir, *Souvenirs*
6. Hélène de Beauvoir, *ibid.*
7. Hélène de Beauvoir, *ibid.*
8. Simone de Beauvoir, *Mémoires d'une jeune fille rangée*
9. Simone de Beauvoir, *ibid.*
10. Simone de Beauvoir, *ibid.*
11. Simone de Beauvoir, *ibid.*
12. Simone de Beauvoir, *Mémoires d'une jeune fille rangée*
13. Simone de Beauvoir, *ibid.*
14. Simone de Beauvoir, *Une mort très douce*
15. Simone de Beauvoir, *Une mort très douce*
16. Simone de Beauvoir, *Mémoires d'une jeune fille rangée*
17. Simone de Beauvoir, *Cahiers de jeunesse*
18. Simone de Beauvoir, *Mémoires d'une jeune fille rangée*
19. Simone de Beauvoir, *ibid.*
20. Simone de Beauvoir, *ibid.*
21. Simone de Beauvoir, *ibid.*
22. Simone de Beauvoir, *ibid.*
23. Simone de Beauvoir, *Lettres à Nelson Algren*
24. Simone de Beauvoir, *La Force des choses*
25. D'après Deirdre Bair, *Simone de Beauvoir*
26. Simone de Beauvoir, *Mémoires d'une jeune fille rangée*
27. Simone de Beauvoir, *ibid.*
28. Simone de Beauvoir, *ibid.*
29. D'après Simone de Beauvoir, *ibid.*
30. Simone de Beauvoir, *ibid.*
31. D'après Simone de Beauvoir, *ibid.*
32. Deirdre Bair, *op. cit.*
33. Simone de Beauvoir, *Mémoires d'une jeune fille rangée*
34. Simone de Beauvoir, *ibid.*
35. Simone de Beauvoir, *ibid.*
36. Simone de Beauvoir, *ibid.*
37. Simone de Beauvoir, *ibid.*
38. Simone de Beauvoir, *ibid.*
39. Simone de Beauvoir, *ibid.*
40. Simone de Beauvoir, *Cahiers de jeunesse*
41. Simone de Beauvoir, *Mémoires d'une jeune fille rangée*
42. Simone de Beauvoir, *ibid.*
43. Simone de Beauvoir, *ibid.*
44. Simone de Beauvoir, *ibid.*
45. Simone de Beauvoir, *ibid.*
46. Simone de Beauvoir, *ibid.*
47. Simone de Beauvoir, *ibid.*
48. Simone de Beauvoir, *Une mort très douce*
49. Simone de Beauvoir, *Mémoires d'une jeune fille rangée*
50. Simone de Beauvoir, *ibid.*

Aimer

1. Simone de Beauvoir, *La Force des choses*
2. Simone de Beauvoir, *Cahiers de jeunesse*
3. Simone de Beauvoir, *Mémoires d'une jeune fille rangée*
4. Simone de Beauvoir, *Cahiers de jeunesse*
5. Simone de Beauvoir, *Mémoires d'une jeune fille rangée*
6. D'après Carole Seymour-Jones, *A dangerous liaison. A revelatory new biography of Simone de Beauvoir and Jean-Paul Sartre*
7. D'après Claudine Monteil, *Les sœurs Beauvoir*
8. Jean-Paul Sartre, *Les Mots*
9. Jean-Paul Sartre, *ibid.*
10. Simone de Beauvoir, *Cahiers de jeunesse*
11. Simone de Beauvoir, *ibid.*
12. Simone de Beauvoir, *ibid.*
13. Simone de Beauvoir, *ibid.*
14. Simone de Beauvoir, *Mémoires d'une jeune fille rangée*
15. Simone de Beauvoir, *Cahiers de jeunesse*
16. Simone de Beauvoir, *Mémoires d'une jeune fille rangée*
17. Deirdre Bair, *op. cit.*
18. Jean-Paul Sartre, *Carnets de la drôle de guerre*
19. Simone de Beauvoir, *Cahiers de jeunesse*
20. Simone de Beauvoir, *La Force de l'âge*
21. D'après Carole Seymour-Jones, *op. cit.*
22. Simone de Beauvoir, *La Force de l'âge*
23. Simone de Beauvoir, *op. cit.*
24. Simone de Beauvoir, *La Force des choses*
25. Bianca Lamblin, *Mémoires d'une jeune fille dérangée*
26. Simone de Beauvoir, *Lettres à Sartre 1940-1963*
27. Jean-Paul Sartre, *Lettres au Castor et à quelques autres*
28. Deirdre Bair, *op. cit.*
29. Alice Schwarzer, *Entretiens avec Simone de Beauvoir*
30. Simone de Beauvoir, *La Force des choses*
31. Deirdre Bair, *op. cit.* d'après Nelson Algren, *Last rounds in small cafés: Remembrances of Jean-Paul Sartre and Simone de Beauvoir*
32. *Der Spiegel* 27/1997
33. Simone de Beauvoir, *Lettres à Nelson Algren*
34. Simone de Beauvoir, *ibid.*
35. Simone de Beauvoir, *ibid.*
36. Claude Lanzmann, *Le lièvre de Patagonie*
37. Claude Lanzmann, *ibid.*
38. https://sz-magazin.sueddeutsche.de/geschichte/ich-wollte-erfahren-wie-man-fuenf-millionen-menschen-vergast-81934 26/11/2015 (traduction: Julie Tirard)
39. *Ibid.*
40. Simone de Beauvoir, *Lettres à Nelson Algren*
41. D'après Carole Seymour-Jones, *op. cit.*
42. Simone de Beauvoir, *La Force des choses*
43. Deirdre Bair, *op. cit.*
44. Alice Schwarzer, *op. cit.*
45. Deirdre Bair, *op. cit.*
46. Simone de Beauvoir, *La Force des choses*

Penser

1. Simone de Beauvoir, *Mémoires d'une jeune fille rangée*
2. Simone de Beauvoir, *La Force de l'âge*
3. Simone de Beauvoir, *ibid.*
4. Simone de Beauvoir, *Mémoires d'une jeune fille rangée*
5. Simone de Beauvoir, *ibid.*
6. Simone de Beauvoir, *ibid.*
7. Simone de Beauvoir, *ibid.*
8. Simone de Beauvoir, *ibid.*
9. Simone de Beauvoir, *ibid.*
10. Simone de Beauvoir, *ibid.*
11. D'après Annie Cohen-Solal, *Sartre. 1905-1980*
12. Simone de Beauvoir, *La Force de l'âge*
13. Simone de Beauvoir, *ibid.*
14. Simone de Beauvoir, *ibid.*
15. Simone de Beauvoir, *ibid.*
16. Simone de Beauvoir, *ibid.*
17. Simone de Beauvoir, *ibid.*
18. Simone de Beauvoir, *ibid.*
19. Simone de Beauvoir, *La Force des choses*
20. Simone de Beauvoir, *ibid.*
21. Simone de Beauvoir, *ibid.*
22. Simone de Beauvoir, *ibid.*
23. Simone de Beauvoir, *ibid.*
24. Simone de Beauvoir, *ibid.*
25. Jean-Paul Sartre, *L'existentialisme est un humanisme*
26. Simone de Beauvoir, *Idéalisme moral et réalisme politique*
27. http://www.zeit.de/1949/14/die-mode-der-existentialisten/komplettansicht (traduction : Julie Tirard)
28. Jean-Paul Sartre, *À propos de l'existentialisme: mise au point*
29. Jean-Paul Sartre, *L'existentialisme est un humanisme*
30. Jean-Paul Sartre, *ibid.*
31. Jean-Paul Sartre, *ibid.*
32. D'après Simone de Beauvoir, *Pour une morale de l'ambiguïté*
33. Simone de Beauvoir, *Pyrrhus et Cinéas*
34. Jean-Paul Sartre, *L'existentialisme est un humanisme*
35. Simone de Beauvoir, *Faut-il brûler Sade?*
36. Simone de Beauvoir, *Pour une morale de l'ambiguïté*
37. D'après Susanne Moser, *Freiheit und Anerkennung bei Simone de Beauvoir*
38. Simone de Beauvoir, *Mémoires d'une jeune fille rangée*
39. Simone de Beauvoir, *L'Invitée*
40. Simone de Beauvoir, *La Force de l'âge*
41. D'après Susanne Moser, *op. cit.*
42. D'après Susanne Moser, *op. cit.*
43. Simone de Beauvoir, *La Force de l'âge*
44. Simone de Beauvoir, *Pour une morale de l'ambiguïté*
45. Simone de Beauvoir, *ibid.*
46. D'après Simone de Beauvoir, *ibid.*
47. Simone de Beauvoir, *ibid.*
48. Simone de Beauvoir, *La Force de l'âge*
49. Simone de Beauvoir, *Littérature et Métaphysique*
50. Simone de Beauvoir, *L'Invitée*
51. Simone de Beauvoir, *La Force de l'âge*
52. Simone de Beauvoir, *ibid.*
53. Simone de Beauvoir, *ibid.*

54. Margaret Simons, *Beauvoir and The Second Sex. Feminism, Race and the Origins of Existentialism* (traduction: Julie Tirard)
55. Simone de Beauvoir, *Mémoires d'une jeune fille rangée*

Écrire

1. Simone de Beauvoir, *Tout compte fait*
2. Simone de Beauvoir, *Mémoires d'une jeune fille rangée*
3. Simone de Beauvoir, *ibid.*
4. Simone de Beauvoir, *ibid.*
5. Simone de Beauvoir, *ibid.*
6. Simone de Beauvoir, *ibid.*
7. Simone de Beauvoir, *ibid.*
8. Simone de Beauvoir, *ibid.*
9. Simone de Beauvoir, *ibid.*
10. Simone de Beauvoir, *ibid.*
11. Simone de Beauvoir, *ibid.*
12. Simone de Beauvoir, *ibid.*
13. Simone de Beauvoir, *ibid.*
14. Simone de Beauvoir, *La Force de l'âge*
15. Simone de Beauvoir, *ibid.*
16. Simone de Beauvoir, *ibid.*
17. Simone de Beauvoir, *ibid.*
18. Simone de Beauvoir, *ibid.*
19. Simone de Beauvoir, *ibid.*
20. https://www.theparisreview.org/interviews/4444/simone-de-beauvoir-the-art-of-fiction-no-35-simone-de-beauvoir
21. Simone de Beauvoir, *Tout compte fait*
22. Simone de Beauvoir, *Lettres à Nelson Algren*
23. Simone de Beauvoir, *La Force des choses*
24. Simone de Beauvoir, *La Force de l'âge*
25. Simone de Beauvoir, *ibid.*
26. Simone de Beauvoir, *ibid.*
27. Deirdre Bair, *op. cit.*
28. Simone de Beauvoir, *Lettres à Nelson Algren*
29. Simone de Beauvoir, *La Force de l'âge*
30. Simone de Beauvoir, *ibid.*
31. Simone de Beauvoir, *ibid.*
32. Simone de Beauvoir, *L'Invitée*
33. Simone de Beauvoir, *ibid.*
34. Simone de Beauvoir, *La Force de l'âge*
35. Simone de Beauvoir, *ibid.*
36. Simone de Beauvoir, *ibid.*
37. Simone de Beauvoir, *ibid.*
38. Deirdre Bair, *op. cit.*
39. Simone de Beauvoir, *La Force de l'âge*
40. Simone de Beauvoir, *ibid.*
41. Simone de Beauvoir, *ibid.*
42. Simone de Beauvoir, *ibid.*
43. Simone de Beauvoir, *Le Sang des autres*
44. Simone de Beauvoir, *La Force de l'âge*
45. Simone de Beauvoir, *ibid.*
46. Simone de Beauvoir, *La Force des choses*
47. Simone de Beauvoir, *ibid.*
48. Simone de Beauvoir, *Tout compte fait*
49. Simone de Beauvoir, *La Force des choses*
50. Simone de Beauvoir, *ibid.*
51. Simone de Beauvoir, *Lettres à Nelson Algren*
52. Simone de Beauvoir, *ibid.*
53. Simone de Beauvoir, *ibid.*
54. Simone de Beauvoir, *ibid.*
55. Simone de Beauvoir, *ibid.*

56. Simone de Beauvoir, *La Force des choses*
57. Simone de Beauvoir, *ibid.*
58. Simone de Beauvoir, *ibid.*
59. Simone de Beauvoir, *La Force de l'âge*
60. Simone de Beauvoir, *Mémoires d'une jeune fille rangée*
61. Simone de Beauvoir, *ibid.*
62. Simone de Beauvoir, *La Force des choses*
63. Simone de Beauvoir, *ibid.*
64. Simone de Beauvoir, *Lettres à Nelson Algren*
65. Simone de Beauvoir, *Mémoires d'une jeune fille rangée*
66. Simone de Beauvoir, *La Force des choses*
67. Simone de Beauvoir, *Tout compte fait*
68. Simone de Beauvoir, *ibid.*
69. Simone de Beauvoir, *ibid.*
70. Simone de Beauvoir, *ibid.*

Agir

1. Simone de Beauvoir, *La Force de l'âge*
2. Simone de Beauvoir, *Djamila Boupacha*
3. Simone de Beauvoir, *La Force de l'âge*
4. Simone de Beauvoir, *ibid.*
5. Simone de Beauvoir, *ibid.*
6. Deirdre Bair, *op. cit.*
7. Simone de Beauvoir, *La Force de l'âge*
8. Ingrid Galster, *Simone de Beauvoir und der Feminismus. Ausgewählte Aufsätze*
9. Simone de Beauvoir, *Lettres à Sartre 1940-1963*
10. D'après Ingrid Galster, *op. cit.*
11. D'après Ingrid Galster, *op. cit.*
12. Deirdre Bair, *op. cit.*
13. Simone de Beauvoir, *La Force de l'âge*
14. Simone de Beauvoir, *ibid.*
15. Simone de Beauvoir, *Lettres à Sartre 1930-1939*
16. Jean-Paul Sartre, *Lettres au Castor et à quelques autres*
17. D'après Ingrid Galster, *op. cit.*
18. Simone de Beauvoir, *La Force de l'âge*
19. Simone de Beauvoir, *ibid.*
20. Simone de Beauvoir, *ibid.*
21. D'après Simone de Beauvoir, *ibid.*
22. D'après Ingrid Galster, *op. cit.*
23. D'après Ingrid Galster, *op. cit.*
24. Simone de Beauvoir, *La Force de l'âge*
25. Simone de Beauvoir, *ibid.*
26. Carole Seymour-Jones, *op. cit.*
27. Simone de Beauvoir, *La Force de l'âge*
28. Simone de Beauvoir, *La Force des choses*
29. Simone de Beauvoir, *ibid.*
30. Deirdre Bair, *op. cit.*
31. Deirdre Bair, *op. cit.*
32. Sonia Kruks, *Simone de Beauvoir and the politics of ambiguity*
33. Sonia Kruks, *op. cit.*
34. Simone de Beauvoir, *L'Amérique au jour le jour*
35. Simone de Beauvoir, *ibid.*
36. Simone de Beauvoir, *La Force des choses*
37. Simone de Beauvoir, *ibid.*
38. Simone de Beauvoir, *ibid.*
39. Simone de Beauvoir, *ibid.*
40. Deirdre Bair, *op. cit.*
41. Simone de Beauvoir, *Tout compte fait*

42. Simone de Beauvoir, *ibid.*
43. Simone de Beauvoir, *ibid.*
44. Simone de Beauvoir, *La Force des choses*
45. Simone de Beauvoir, *Tout compte fait*
46. D'après Simone de Beauvoir, *ibid.*
47. Simone de Beauvoir, *ibid.*
48. Simone de Beauvoir, *ibid.*
49. D'après Simone de Beauvoir, *ibid.*
50. Simone de Beauvoir, *ibid.*
51. Claude Lanzmann, *op. cit.*
52. Simone de Beauvoir, *Tout compte fait*
53. Simone de Beauvoir, *La Force des choses*

Lutter

1. Alice Schwarzer, *op. cit.*
2. Simone de Beauvoir, *La Force des choses*
3. Simone de Beauvoir, *Mémoires d'une jeune fille rangée*
4. Simone de Beauvoir, *La Force des choses*
5. Simone de Beauvoir, *ibid.*
6. Simone de Beauvoir, *ibid.*
7. Simone de Beauvoir, *Mémoires d'une jeune fille rangée*
8. Simone de Beauvoir, *La Force des choses*
9. Simone de Beauvoir, *Lettres à Nelson Algren*
10. Carole Seymour-Jones, *op. cit.*
11. Simone de Beauvoir, *L'Amérique au jour le jour*
12. Simone de Beauvoir, *ibid.*
13. Simone de Beauvoir, *Lettres à Nelson Algren*
14. D'après Simone de Beauvoir, *ibid.*
15. Simone de Beauvoir, *La Force des choses*
16. Simone de Beauvoir, *ibid.*
17. D'après Simone de Beauvoir, *ibid.*
18. Simone de Beauvoir, *ibid.*
19. Simone de Beauvoir, *ibid.*
20. Simone de Beauvoir, *Lettres à Nelson Algren*
21. D'après Simone de Beauvoir, *ibid.*
22. Florence Hervé, *Absolute Simone de Beauvoir*
23. Deirdre Bair, *op. cit.*
24. Deirdre Bair, *op. cit.*
25. Simone de Beauvoir, *Le Deuxième Sexe*
26. Simone de Beauvoir, *ibid.*
27. Simone de Beauvoir, *ibid.*
28. Simone de Beauvoir, *ibid.*
29. Simone de Beauvoir, *ibid.*
30. Simone de Beauvoir, *ibid.*
31. Simone de Beauvoir, *ibid.*
32. Simone de Beauvoir, *ibid.*
33. Simone de Beauvoir, *ibid.*
34. Simone de Beauvoir, *ibid.*
35. Simone de Beauvoir, *ibid.*
36. Simone de Beauvoir, *ibid.*
37. Simone de Beauvoir, *ibid.*
38. D'après Carole Seymour-Jones, *op. cit.*
39. Simone de Beauvoir, *Le Deuxième Sexe*
40. Simone de Beauvoir, *ibid.*
41. Simone de Beauvoir, *ibid.*
42. Simone de Beauvoir, *ibid.*
43. Simone de Beauvoir, *ibid.*
44. Simone de Beauvoir, *ibid.*
45. Simone de Beauvoir, *ibid.*
46. Simone de Beauvoir, *La Force des choses*
47. D'après Margaret Simons, *op. cit.*
48. Simone de Beauvoir, *Lettres à Nelson Algren*

49. Simone de Beauvoir, *Tout compte fait*
50. Francis Jeanson, *Simone de Beauvoir ou l'entreprise de vivre*
51. D'après Francis Jeanson, *op. cit.*
52. Simone de Beauvoir, *Tout compte fait*
53. Florence Hervé, *op. cit.*
54. Alice Schwarzer, *Lebenslauf* (traduction: Julie Tirard)
55. Alice Schwarzer, *Entretiens avec Simone de Beauvoir*
56. Simone de Beauvoir, *Tout compte fait*
57. Alice Schwarzer, *Entretiens avec Simone de Beauvoir*
58. Alice Schwarzer, *ibid.*
59. Deirdre Bair, *op. cit.*
60. https://www.spiegel.de/panorama/gesellschaft/frauenrechte-gleichberechtigung-durch-juristischen-kunstgriff-a-593058.html (traduction: Julie Tirard)
61. Deirdre Bair, *op. cit.*
62. Claude Francis et Fernande Gontier, *Les écrits de Simone de Beauvoir*
63. Simone de Beauvoir, *Le Deuxième Sexe*
64. Simone de Beauvoir, *Le Deuxième Sexe*
65. Simone de Beauvoir, *Tout compte fait*
66. Simone de Beauvoir, *La Vieillesse*
67. Simone de Beauvoir, *Tout compte fait*
68. Simone de Beauvoir, *ibid.*
69. Francis Jeanson, *op. cit.*
70. Simone de Beauvoir, *Le Deuxième Sexe*
71. Francis Jeanson, *op. cit.*
72. Simone de Beauvoir, *Le Deuxième Sexe*
73. Simone de Beauvoir, *ibid.*
74. Claude Francis et Fernande Gontier, *op. cit.*

Épilogue

1. Simone de Beauvoir, *Cahiers de jeunesse*
2. Simone de Beauvoir, *ibid.*

AUTOUR DE SIMONE DE BEAUVOIR

Alain-Fournier (de son vrai nom Henri-Alban Fournier, 1886-1914): écrivain français.

May Alcott, Louisa (1832-1888): écrivaine américaine.

Algren, Nelson (1909-1981): écrivain américain; amant de Simone.

Altman, Georges (1901-1960): journaliste et homme politique français; combattant de la Résistance; cofondateur en 1948 du *Rassemblement démocratique révolutionnaire.*

Aragon, Louis (1897-1982): poète et écrivain français; fondateur du surréalisme.

Aron, Raymond (1905-1983): philosophe, sociologue et politologue français; camarade de classe de Sartre; membre du premier comité de rédaction des *Temps Modernes.*

Audry, Colette (1906-1990): écrivaine, dramaturge, scénariste, socialiste et féministe française; fut la collègue de Simone à Rouen.

Barthes, Roland (1915-1980): philosophe, écrivain et critique littéraire français.

Beach, Sylvia (1887-1962): libraire et éditrice américaine; propriétaire de la librairie parisienne *Shakespeare & Company.*

de Beauvoir, Françoise (1887-1963): mère de Simone et Hélène de Beauvoir.

de Beauvoir, Georges (1878-1941): père de Simone et Hélène de Beauvoir.

de Beauvoir, Hélène (plus tard de Roulet, 1910-2001): peintre française; sœur de Simone; épouse de Lionel de Roulet.

Bienenfeld, Bianca (plus tard Lamblin, 1921-2011): écrivaine et professeure française; élève puis amante de Simone.

Le Bon de Beauvoir, Sylvie (1941-): professeure de philosophie et éditrice française; fille adoptive et légataire des droits de l'œuvre de Simone.

Bost, Jacques-Laurent (1916-1990): journaliste et écrivain français; fut l'élève de Sartre; amant de Simone; mari d'Olga Kosakiewicz.

Boupacha, Djamila (1938-): militante du Front de libération national algérien.

Brasillach, Robert (1909-1945): écrivain, journaliste et critique de cinéma français; collaborateur pendant la Seconde Guerre mondiale.

Breton, André (1896-1966): poète et écrivain français; représentant du surréalisme.

Buber, Martin (1878-1965): philosophe de la religion austro-israélien.

Camus, Albert (1913-1960): écrivain, journaliste, philosophe et prix Nobel de littérature franco-algérien; combattant de la Résistance.

Castro, Fidel (1926-2016): homme d'État et révolutionnaire cubain; chef du gouvernement, président de la République de Cuba et président du Parti communiste cubain.

Cau, Jean (1925-1993): journaliste et écrivain français; secrétaire de Sartre.

Champigneulle, Jacques (1907-1955): cousin et premier amour de Simone.

Cixous, Hélène (1937-): écrivaine et féministe française; représentante du poststructuralisme.

Cocteau, Jean (1889-1963): écrivain, poète, artiste et réalisateur français; représentant du surréalisme.

Colette (de son vrai nom Sidonie-Gabrielle Claudine Colette, 1873-1954): écrivaine, comédienne et journaliste française.

Delphy, Christine (1941-): sociologue et féministe française; cofondatrice des *Nouvelles questions féministes*.

Derrida, Jacques (1930-2004) : philosophe français ; cofondateur du déconstructivisme et du poststructuralisme.

Dos Passos, John (1896-1970) : écrivain américain ; représentant du modernisme américain.

Dostoïevski, Fiodor (1821-1881) : écrivain russe.

Eliot, George (de son vrai nom Mary Anne Evans, 1819-1880) : écrivaine, journaliste et traductrice anglaise.

Elkaïm-Sartre, Arlette (1935-2016) : traductrice et éditrice franco-algérienne ; fille adoptive et légataire des droits de l'œuvre de Sartre.

Foucault, Michel (1926-1984) : philosophe français ; représentant du poststructuralisme.

Fouque, Antoinette (1936-2014) : psychanalyste, politologue, féministe et femme politique française.

de Gandillac, Maurice (1906-2006) : philosophe français ; camarade de classe et soupirant de Simone.

Garric, Robert (1896-1967) : homme de lettres français et fondateur des *Équipes sociales* ; professeur de philosophie de Simone.

de Gaulle, Charles (1890-1970) : homme politique conservateur français et ancien président de la République française.

Genet, Jean (1910-1986) : écrivain, poète et dramaturge français.

Gerassi, Fernando (1899-1974) : peintre hispano-turc ; ami de Simone ; époux de Stephania « Stépha » Gerassi.

Gerassi, Stephania « Stépha » (?-?) : amie de Simone d'origine ukrainienne ; épouse de Fernando Gerassi.

Giacometti, Alberto (1901-1966) : sculpteur, peintre et dessinateur suisse.

Gide, André (1869-1951) : écrivain et prix Nobel de littérature français.

Grenier, Jean (1898-1971) : écrivain et philosophe français ; professeur d'Albert Camus.

Guevara, Che (1928-1967, de son vrai nom Ernesto Rafael Guevara de la Serna): révolutionnaire marxiste argentin et dirigeant de la révolution cubaine.

Guille, Pierre (?-1971): camarade de classe et ami de Sartre.

Halimi, Gisèle (1927-): avocate, féministe et femme politique franco-tunisienne; fondatrice de *Choisir la cause des femmes.*

Hammett, Dashiell (1894-1961): écrivain américain; fondateur du roman noir américain.

Hegel, Georg Wilhelm Friedrich (1770-1831): philosophe allemand; représentant de l'idéalisme allemand.

Heidegger, Martin (1889-1976): philosophe allemand; représentant de la phénoménologie et de la philosophie de l'existence.

Hemingway, Ernest (1899-1961): écrivain, journaliste et prix Nobel de littérature américain; représentant de la «Génération perdue» (*Lost generation*).

Husserl, Edmund (1859-1938): philosophe et mathématicien austro-allemand; représentant de la phénoménologie.

Irigaray, Luce (1930-): psychanalyste, philosophe, linguiste et féministe française; fondatrice de l'«écriture féminine».

Jaspers, Karl (1883-1969): psychiatre et philosophe allemand; représentant de la philosophie de l'existence.

Jeanson, Francis (1922-2009): philosophe et éditeur français.

Kafka, Franz (1883-1924): écrivain de langue allemande.

Kant, Emmanuel (1724-1804): philosophe allemand; représentant des Lumières allemandes.

Khrouchtchev, Nikita (1894-1971): homme politique soviétique; premier secrétaire du Parti communiste et président du Conseil des ministres de l'URSS.

Kierkegaard, Søren (1813-1855): philosophe et théologien danois; représentant de la philosophie de l'existence.

Koestler, Arthur (1905-1983): écrivain et journaliste austro-hongrois.

Kosakiewicz, Olga (1915-1983): élève puis amante de Simone; épouse de Jacques-Laurent Bost et sœur de Wanda Kosakiewicz.

Kosakiewicz, Wanda (1917-1989): actrice française d'origine russe; amante de Sartre; sœur d'Olga Kosakiewicz.

Kristeva, Julia (1941-): linguiste, psychanalyste et écrivaine franco-bulgare.

Lacan, Jacques (1901-1981): psychanalyste et psychiatre français; représentant du poststructuralisme.

Lacoin, Élisabeth «Zaza» (1907-1929): amie d'enfance et camarade de classe de Simone.

Lanzmann, Claude (1925-2018): journaliste, écrivain et réalisateur français; amant de Simone.

Lawrence, D. H. (1885-1930): écrivain, poète et dramaturge britannique.

Lebrun, Albert (1871-1950): homme politique libéral français et ancien président de la République.

Leduc, Violette (1907-1972): écrivaine française; protégée de Simone.

Leibniz, Gottfried Wilhelm (1646-1716): philosophe et polymathe allemand; précurseur des Lumières allemandes.

Leiris, Louise «Zette» (1902-1988): galeriste française; épouse de Michel Leiris.

Leiris, Michel (1901-1990): écrivain et ethnologue français; membre du premier comité de rédaction des *Temps Modernes*; époux de Zette Leiris.

Levinas, Emmanuel (1906-1995): philosophe et auteur franco-lituanien.

Lévi-Strauss, Claude (1908-2009): ethnologue et anthropologue français; fondateur du structuralisme.

Maheu, René (1905-1975): professeur de philosophie français et ancien directeur général de l'Unesco; camarade de classe de Sartre; amant de Simone.

Malraux, André (1901-1976): écrivain, réalisateur et homme politique de gauche français; précurseur de l'existentialisme.

Mansfield, Katherine (1888-1923): écrivaine britannique d'origine néo-zélandaise.

Marcel, Gabriel (1889-1973): philosophe français; représentant de l'existentialisme chrétien.

Mauriac, François (1885-1970): écrivain, journaliste et prix Nobel de littérature français.

Merleau-Ponty, Maurice (1908-1961): philosophe français; représentant de la phénoménologie; camarade de classe et ami de Simone; membre du premier comité de rédaction des *Temps Modernes.*

Mitterrand, François (1916-1996): homme politique socialiste français et ancien président de la République.

Monnier, Adrienne (1892-1955): libraire et éditrice française; propriétaire de la librairie parisienne *La Maison des Livres.*

Nietzsche, Friedrich (1844-1900): philosophe et philologue allemand.

Nizan, Henriette (1907-1993): journaliste et traductrice française; épouse de Paul Nizan.

Nizan, Paul (1905-1940): écrivain, journaliste, critique et activiste marxiste français; ami d'enfance et ancien camarade de classe de Sartre.

Ollivier, Albert (1915-1964): historien et écrivain français, homme politique gaulliste et combattant de la Résistance; membre du premier comité de rédaction des *Temps Modernes.*

Parain, Brice (1897-1971): philosophe, essayiste et traducteur français; collaborateur des éditions Gallimard.

Pardo, Géraldine «Gégé» (?-?): artiste française; amie d'Hélène et Simone de Beauvoir.

Parshley, Howard M. (1884-1953) : zoologue américain et traducteur du *Deuxième Sexe.*

Paulhan, Jean (1884-1968) : écrivain, journaliste et critique littéraire français ; rédacteur en chef de *La Nouvelle Revue française* ; membre du premier comité de rédaction des *Temps Modernes.*

Pétain, Philippe (1856-1951) : militaire, homme politique conservateur et collaborateur français ; chef du régime de Vichy.

Picasso, Pablo (1881-1973) : peintre, dessinateur et sculpteur espagnol.

Proust, Marcel (1871-1922) : écrivain, critique et essayiste français.

Radiguet, Raymond (1903-1923) : poète, écrivain et journaliste français.

Reynaud, Paul (1878-1966) : homme politique libéral français.

Roudy, Yvette (1929-) : femme politique française membre du Parti socialiste ; ancienne députée à l'Assemblée nationale et députée européenne.

de Roulet, Lionel (env. 1910-1990) : diplomate français ; ancien camarade de classe de Sartre ; époux d'Hélène de Beauvoir.

Rousset, David (1912-1997) : écrivain et activiste politique français ; cofondateur en 1948 du *Rassemblement démocratique révolutionnaire.*

Russell, Bertrand (1872-1970) : philosophe, mathématicien, historien, activiste politique et prix Nobel de littérature britannique ; fondateur en 1966 du Tribunal Russell.

von Salomon, Ernst (1902-1972) : écrivain et scénariste allemand ; membre de l'organisation armée nationaliste et antisémite *Consul* sous la République de Weimar.

Sarraute, Nathalie (1900-1999) : écrivaine française ; représentante du Nouveau Roman.

Sartre, Jean-Paul (1905-1980) : écrivain, philosophe, dramaturge et journaliste français ; représentant de l'existentialisme.

Schwarzer, Alice (1942-): journaliste et féministe allemande; fondatrice du magazine *Emma*.

Sorokine, Nathalie (plus tard Moffatt, 1921-1967): élève puis amante de Simone.

Stendhal (de son vrai nom Marie-Henri Beyle, 1783-1842): écrivain, militaire et homme politique français; représentant du réalisme en littérature.

Valéry, Paul (1871-1945): poète, philosophe et essayiste français.

Vanetti Ehrenreich, Dolorès (1912-2008): journaliste et traductrice française; amante de Sartre.

Veil, Simone (1927-2017): femme politique française; ministre de la Santé, elle fit adopter la loi autorisant l'avortement.

Weil, Simone (1909-1943): philosophe, mystique chrétienne et activiste politique française; camarade de classe de Simone.

Wittig, Monique (1935-2003): écrivaine et féministe française.

Woolf, Virginia (1882-1941): écrivaine et journaliste britannique.

Wright, Ellen (1912-2004): agente littéraire américaine; épouse de Richard Wright.

Wright, Richard (1908-1960): écrivain américain ; époux d'Ellen Wright.

Zanta, Léontine (1872-1942): philosophe, professeure, écrivaine et féministe française.

REMERCIEMENTS

Écrire est une activité solitaire, mais sans le soutien d'un grand nombre de personnes, ce livre n'aurait jamais pu voir le jour. Comme toujours en premier: ma famille. Vous êtes les meilleurs, merci pour votre confiance. Johanna, ma lectrice privilégiée. Pia, Caroline, Kora, Madeleine, Katha, Leonie et Klara: merci de m'avoir écoutée, questionnée, et merci pour votre inépuisable enthousiasme. Nora Boeckl, la meilleure agente du monde et Ida Thiemann, qui nous a fait nous rencontrer. Susanne Frank, qui a minutieusement relu mon manuscrit et a toujours été disponible pour répondre à mes questions. Enfin, un immense merci à toutes celles et ceux qui lisent et commentent le blog «Oh Simone» – cet Internet, quelle chouette invention!

Achevé d'imprimer en mars 2020
sur les presses de l'imprimerie Laballery (France)
N° d'impression: 004108
Dépôt légal: avril 2020